La Chine m'inquiète

DU MÊME AUTEUR

Regards froids sur la Chine (en collaboration avec Claude Aubert, Lucien Bianco et Claude Cadart), Le Seuil, 1976.

Aux origines du Grand Bond en avant, le cas d'une province chinoise, Editions de l'EHESS et Presses de la FNSP, 1982.

Le Mariage en Chine (en collaboration avec Hua Chang-ming), Presses de la FNSP, 1987.

Chine, l'archipel oublié, Fayard, 1992.

Communismes d'Asie, mort ou métamorphose (en codirection avec François Godement), Complexe, 1994.

La Chine (1949-1994, deux tomes), en collaboration avec Philippe Richer, Le Seuil, 1995.

L'Asie retrouvée (en codirection avec David Camroux), Le Seuil, 1997.

L'Asie en danger, Fayard, 1998.

L'Asie et nous (entretien avec Aimé Savard), Desclée de Brouwer, 2001.

Où va la Chine ?, Fayard, 2002.

Comprendre la Chine d'aujourd'hui, Perrin, 2007.

Jean-Luc Domenach

La Chine m'inquiète

PERRIN
www.editions-perrin.fr

ISBN : 978-2-262-02747-6

Avertissement

Ce livre fait suite à *Comprendre la Chine d'aujourd'hui*, qui a été publié par les éditions Perrin en mars 2007 et, comme lui, il a été inspiré par un séjour accompli à Pékin de février 2002 à février 2007. Ce séjour n'aurait pas été possible sans le ministère des Affaires étrangères et l'ambassade de France à Pékin, que je remercie. Mais il a été écrit depuis mon retour en France, et pour cela doit beaucoup à l'institution qui m'a de nouveau recueilli, la Fondation nationale des sciences politiques, et en particulier son Centre d'études et de recherches internationales, qui m'a montré beaucoup d'amitié. Je les remercie également.

Depuis mon retour, j'ai été accueilli dans une deuxième « unité » (*danwei* en chinois), qui est la maison d'édition Perrin, dont la collection « Asies » m'a été confiée. Je tiens à dire à tous ses responsables le plaisir que j'éprouve à notre collaboration, et en particulier à remercier Anthony Rowley pour son amicale lucidité, et Marie-Laure Defretin pour son professionnalisme chaleureux.

Ma gratitude va également à Thierry Pech, qui m'a donné quelques avis lumineux, ainsi qu'à Geneviève Domenach-Chich et Diana Hochraich qui ont relu une première version de cet ouvrage.

Jean-Luc DOMENACH

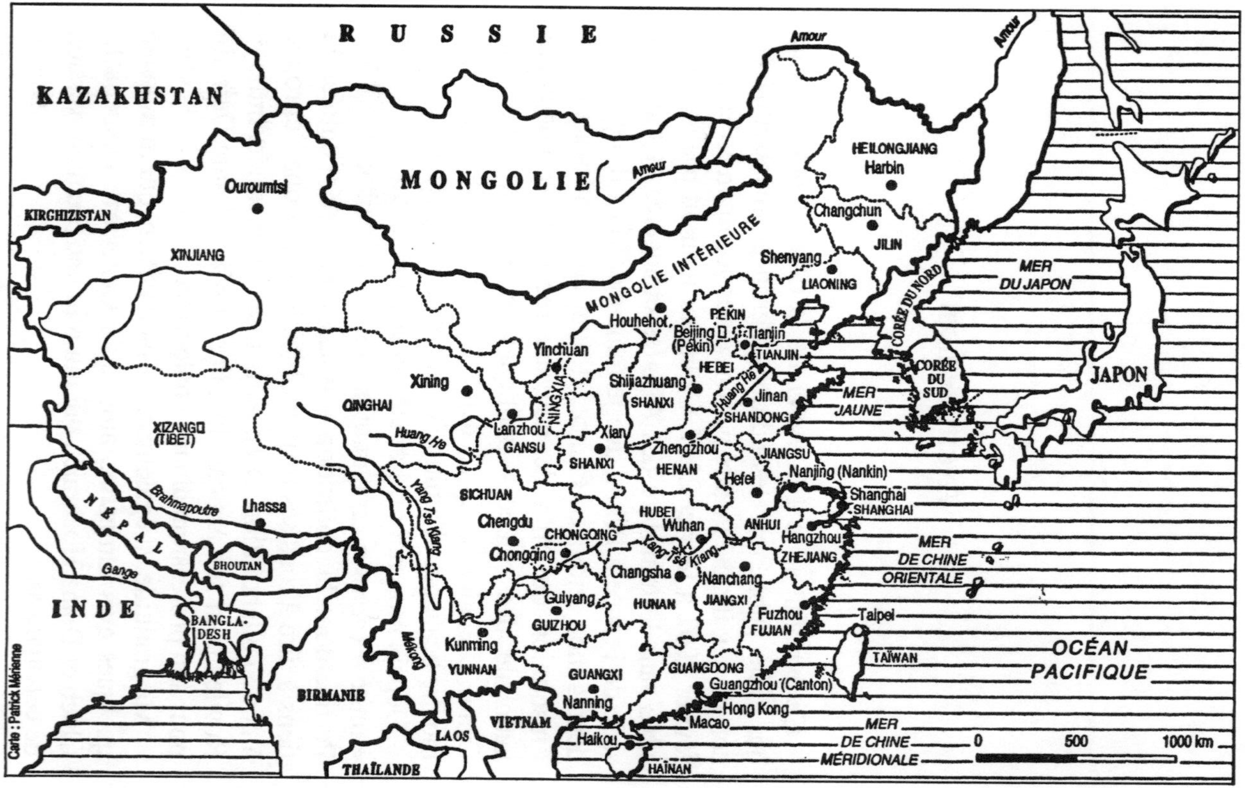
RUSSIE
KAZAKHSTAN
KIRGHIZISTAN
MONGOLIE
Amour
Ouroumtsi
XINJIANG
XIZANG
(TIBET)
NÉPAL
Brahmapoutre
Lhassa
BHOUTAN
Gange
INDE
BANGLA-DESH
BIRMANIE
THAÏLANDE
LAOS
VIETNAM
Mékong
QINGHAI
Xining
Huang He
Lanzhou
GANSU
NINGXIA
Yinchuan
MONGOLIE INTÉRIEURE
Houhehot
SICHUAN
Chengdu
Yang Tsé Kiang
CHONGQING
Chongqing
Kunming
YUNNAN
Guiyang
GUIZHOU
GUANGXI
Nanning
Haikou
HAÏNAN
SHANXI
Xian
Shijiazhuang
HEBEI
PÉKIN
Beijing
(Pékin)
Tianjin
TIANJIN
Jinan
SHANDONG
Zhengzhou
HENAN
HUBEI
Wuhan
Changsha
HUNAN
Nanchang
JIANGXI
GUANGDONG
Guangzhou (Canton)
Hong Kong
Macao
Fuzhou
FUJIAN
Hangzhou
ZHEJIANG
ANHUI
Hefei
JIANGSU
Nanjing (Nankin)
Shanghai
SHANGHAI
HEILONGJIANG
Harbin
Changchun
JILIN
Shenyang
LIAONING
CORÉE DU NORD
CORÉE DU SUD
MER JAUNE
MER DU JAPON
JAPON
MER DE CHINE ORIENTALE
Taipei
TAÏWAN
OCÉAN PACIFIQUE
MER DE CHINE MÉRIDIONALE
0
500
1000 km
Carte : Patrick Mérienne

Introduction

Le nouveau « moment chinois »

Désormais, la Chine est au coin de la rue. A Paris, le quart des bars-tabacs ont été rachetés par des Chinois, et il n'est plus possible de prendre le métro sans apercevoir des étudiants ou des hommes d'affaires venus de Pékin. Pour la première fois, un jour de septembre 2007, un navire de guerre chinois s'est amarré dans un port français de Méditerranée, à quelques brasses des plages à la mode[1].

En fait, le phénomène est mondial. Les pistes de l'émigration chinoise sillonnent la Russie et l'Europe centrale. En Australie, le leader de l'opposition parlementaire fait un argument électoral de sa connaissance de la langue pékinoise[2]. Des entreprises chinoises s'affairent dans toute l'Afrique, au grand dam des Occidentaux qui s'imaginaient possesseurs du domaine.

Cette soudaine extension de la présence chinoise est l'effet d'un triomphe économique qui figurera dans les annales : une croissance annuelle de 9 % en moyenne par an depuis trois décennies, poussée par le commerce extérieur – le troisième du monde – et en particulier par les exportations. Résultat : socialement pauvre, la Chine est un pays riche de ses réserves en devises. Sauf le haut de gamme de la technologie et des produits culturels, rien n'échappe à son empire commercial : aujourd'hui, elle détient 70 % du marché mondial des champignons de Paris, et les statuettes de saints que l'on achète au Brésil sont « made in China[3] ».

La Chine n'est pas seulement plus présente, elle est plus importante. Les dirigeants occidentaux ne se rendent plus à Pékin pour vérifier que le dragon est encore assoupi, ou pour l'interroger sur sa région. Ils viennent pour lui parler des affaires mondiales, pour lui demander de bien vouloir réduire ses exportations et pour lui arracher des contrats destinés à soutenir leurs économies. Ce n'est pas un hasard si le conseiller diplomatique du président Sarkozy, Jean-David Levitte, est un spécialiste éprouvé des affaires chinoises et asiatiques.

Autant de nouvelles qui soulignent l'ascension rapide de la Chine vers les sommets de la hiérarchie mondiale. Et le moins que l'on puisse dire, c'est que l'affaire ne suscite pas des réactions ordinaires. Alors que l'essor du Japon avait été longtemps négligé il y a une quarantaine d'années, les progrès de la Chine ont provoqué dans le monde entier un concert désaccordé. Ici, on les admire, en les exagérant souvent. Jacques Chirac a ainsi déclaré tout de go le 26 octobre 2006, dans un discours à l'université de Pékin, qu'il considérait la Chine comme une candidate sérieuse à la direction des affaires du monde. Là – surtout parmi les journalistes et les défenseurs des droits de l'homme – on exagère ou on extrapole. Et l'on dénonce la grande machinerie mise en œuvre par les dirigeants chinois pour tromper le monde et exploiter leur propre peuple – car « la Chine offre le spectacle de l'accouplement du néolibéralisme et du communisme[4] ».

Au total, rares sont ceux qui, comme Lucien Bianco, gardent l'esprit froid et considèrent que « l'accession au rang de puissance mondiale d'un pays-continent qui rassemble un bon cinquième de l'humanité ne ferait... que corriger une anomalie[5] ». Les opinions publiques européennes perçoivent d'abord la Chine comme une menace : elles se demandent ce qui resterait à l'Occident si les Chinois parvenaient à investir dans leur économie autant d'intelligence qu'ils y ont investi de travail. Et qu'adviendra-t-il des réserves mondiales de pétrole quand la consommation énergétique chinoise par habitant rejoindra celle des pays les plus développés[6] ? Les réactions varient alors suivant le degré de confiance que chacun porte à son propre pays. Seuls les Anglais sont majoritairement optimistes (60 %). Les inquiets représentent 57 % des Allemands, 60 % des Italiens et... 64 % des Français[7] ! Quel sera donc l'avenir ? Susan Shirk, ancienne conseillère pour l'Extrême-Orient de la Maison-Blanche, s'inquiète : « L'histoire nous enseigne, écrit-elle, que les puissances émergentes peuvent souvent provoquer la guerre[8]. »

Tout se passe en fait comme si, après l'idéalisation de la Révolution culturelle et la dénonciation du massacre de juin 1989 s'organisait actuellement dans l'opinion un nouveau « moment Chine » caractérisé par une sorte de sidération où se mêlent l'admiration et la peur : comme si nous n'étions plus qu'une proie à la merci du dragon de l'Extrême-Orient, comme si se trouvait réduite à rien l'histoire immense qui a conduit l'Occident à dominer le monde, comme si ses ressorts avaient disparu en quelques décennies.

Pour ma part, rétif aux emballements, hier ceux des maoïstes et plus récemment ceux des beaux esprits qui refusent de prendre en compte les changements dus à la croissance, j'ai formé, ou plutôt réformé mon jugement au cours des années passées à Pékin, de février 2002 à février 2007. A ma grande surprise, je me suis alors rendu compte que les Chinois, dirigeants et peuple confondus, ont une appréciation beaucoup plus réaliste qu'on ne l'imagine, et parfois franchement pessimiste, de l'énorme fossé qui les sépare encore de l'Occident. Beaucoup estiment que la Chine actuelle est plus grosse que grande et qu'elle n'est pas un pays moderne, mais un vaste chantier inégalement avancé, l'impression de puissance qu'elle dégage tient à la masse de sa population et à l'immensité de son espace, et sa modernité se réduit à quelques métropoles[9].

Alors je me suis demandé ce qui motivait le pessimisme de mes interlocuteurs, et j'ai enquêté. D'un côté, je me suis tourné, en m'appuyant sur les livres récemment publiés en Chine, vers l'histoire de violences et d'échecs que le triomphe économique chinois des trois dernières décennies n'a pas fait oublier. De l'autre, mon immersion en Chine m'a fait voir que les thèmes polémiques en vigueur sur ce pays ont été condamnés par les faits. Par exemple, pour ne pas avoir développé la démocratie, la Chine n'a pas été frappée d'incapacité économique et de paralysie politique. Pour avoir développé une stratégie économique victorieuse, elle n'a pas non plus triomphé des nombreux et graves dangers qui affectent encore sa croissance. Enfin, si le régime communiste était aussi efficacement autoritaire que le croient à la fois ses défenseurs et de ses ennemis, ses dirigeants auraient déjà forcé l'application de la politique économique plutôt raisonnable qu'ils ont récemment fait adopter.

J'ai alors compris que l'homme de la rue chinois a profondément raison de peser sans s'émouvoir le bilan de la politique des « Trente Glorieuses » de Deng Xiaoping : car après tout, après tant de souffrances, c'était bien le minimum que le pouvoir communiste devait faire pour espérer se faire pardonner par l'Histoire. Et j'ai intériorisé sa prudence. Car ce n'est pas le présent, mais l'avenir qui fait problème. Quand les cymbales du triomphe finiront par faire silence, la Chine se trouvera confrontée à une épreuve de vérité. Alors seulement nous saurons si elle peut devenir un grand pays moderne.

LIVRE I

MESURE POUR MESURES

Où en est la Chine ? En apparence, les observateurs divergent peu : la plupart d'entre eux s'accordent à estimer que, depuis trois décennies, les progrès de la Chine ont été énormes dans l'économie, importants en politique extérieure, relatifs dans le domaine social et culturel, mais faibles en matière politique et plus encore en matière de droits de l'homme. Cependant, ils divergent sur l'importance de ces différents secteurs. Les uns estiment que le progrès économique entraînera tout le reste vers le meilleur, les autres que l'absence de démocratie finira par engendrer une catastrophe. On ne s'étonnera pas que les premiers soient en général proches des milieux d'affaires et bien introduits à Pékin. Quant aux seconds, ce sont souvent des intellectuels qui estiment que la défaite de la dissidence n'enlève rien à la formule de son fondateur Wei Jingsheng : « Sans l'introduction d'un système démocratique, la Chine ne pourra évoluer de façon stable et durable[1]. »

La position que je vais développer ici s'efforce de prendre en compte les arguments des uns et des autres, mais tient qu'ils pêchent souvent par exagération : soit qu'ils ne rapportent pas les chiffres à l'ampleur de l'espace et de la population chinois et qu'ils ne tiennent pas assez compte de l'immense coût des progrès économiques engrangés, soit qu'ils ne fassent pas assez de place aux immenses effets du progrès économique et ne prennent pas garde aux problèmes qu'aurait posés (et poserait encore) une démocratisation rapide. Cette position s'appuie sur le jugement de Lucien Bianco : « L'évolution de la Chine depuis un quart de siècle est aussi différente de l'ère maoïste que l'Empire de la révolution française[2] » ; inutile, donc, d'en exagérer comme d'en nier les éléments de continuité.

1

Les nouveaux fondements du régime

La sortie du totalitarisme – Une recette chinoise : l'autoritarisme relâché – Naissance d'une opinion publique ? – Au pays des microclimats – Les serfs sont devenus des individus ! – Une nouvelle lutte des classes ? – La classe plouto-bureaucratique – L'énigme centrale de la Chine post-maoïste

La sortie du totalitarisme

Contrairement à des stéréotypes bien établis, le régime politique chinois s'est à la fois renouvelé et consolidé : il paraît peu probable que de graves difficultés y trouvent naissance. Le fait essentiel est la sortie, non pas du communisme, mais du communisme totalitaire : le pays demeure certes dirigé de façon dictatoriale par un Parti communiste, mais cette dictature ne se donne pas autant de pouvoir sur les hommes et sur les choses qu'autrefois le régime maoïste.

La manière dont Deng a sauvé un régime que les délires maoïstes avaient plongé dans le désordre et l'inefficacité est aujourd'hui connue. Une fois revenu au pouvoir en décembre 1978, il a immédiatement promis de concentrer ses efforts sur une croissance concrète, et pris de premières mesures en faveur des revenus. Pour consolider la confiance que son prestige lui valait, il a d'emblée supprimé les aspects les moins supportables du totalitarisme maoïste et libéré de nombreux prisonniers politiques. Puis, dans les années 1980, tout en réaffirmant le monopole politique du PCC, il a institutionnalisé le régime, décentralisé l'économie, démantelé les communes populaires et autorisé l'émergence d'un secteur non étatique[3]. Cette transition graduelle a paru menacée par les événements tragiques de Tian'an-men en 1989. Mais, au lieu de se laisser emprisonner politiquement par la répression sanglante qu'il avait ordonnée, Deng a su en profiter pour accélérer les réformes économiques et l'ouverture sur le monde sans que quiconque dans le PCC puisse craindre que les « ennemis de classe » en tirent profit.

Deng accordait la priorité au développement économique dans le but de sauver le régime communiste et de l'inscrire dans la durée. Mais, pour remettre au travail la population, il fallait mettre fin à son étouffement. Le passage du totalitarisme à ce que l'universitaire américain Minxin Pei appelle une « autocratie développementale » a donc entraîné une transition de la terreur de masse à une répression de plus en plus sélective et à un contrôle plus souple[4]. Après trois décennies, les résultats sont considérables.

Les prisons et les camps de travail n'abritent aujourd'hui qu'une faible minorité de prisonniers politiques – probablement quelques milliers : autant de trop certes, mais cela ne place plus la Chine parmi les leaders mondiaux de la répression. Le goulag chinois n'a pas été démantelé et la situation varie suivant les lieux entre le très mauvais, le mauvais et le presque correct, mais l'arbitraire recule et l'espace d'application de la législation officielle s'élargit. A titre général, on assiste à une véritable explosion de l'usage du droit : le nombre des jugements a presque triplé entre 1987 et 2003 et celui des juges est passé de 70 000 à 180 000 entre 1988 et 2004[5]. Les tribunaux et les parquets cherchent à s'affirmer face à la Sécurité et tous les procès ne sont plus joués d'avance, d'autant qu'a été promise aux avocats une loi assurant l'immunité juridique pour leurs déclarations en audience. L'efficacité des procès augmente en matière de conflits du travail[6]. De même, les recours des citoyens contre l'Etat – et donc les administrations locales – se verront prochainement traités de manière plus impartiale car jugés par des tribunaux éloignés des cours locales[7]. La peine de mort, hélas très populaire dans l'opinion, demeure pratiquée à une échelle inconnue dans tout autre pays du monde, quoique moindre depuis que chaque décision doit être confirmée par la Cour suprême – un signe positif est que les autorités chinoises signalent comme un succès la diminution du nombre des exécutions en 2006. D'après Amnesty International, il s'élèverait encore à 7 500-8 500, mais la tendance est clairement à la baisse[8]. En principe interdite, la torture n'a pas disparu, mais elle est de plus en plus souvent punie, de même que l'abominable commerce des organes des condamnés à mort exécutés, qui est une des hontes de la Chine contemporaine[9].

Le changement fondamental est que le Parti communiste a abandonné toute ambition de transformation globale. Les campagnes de masse se sont espacées et affaiblies, le quadrillage de la population s'est relâché et la surveillance de la vie privée a été abolie en milieu urbain. C'est ainsi que le 1er octobre 2003 a été supprimé à Pékin (après la plupart des autres villes), dans l'indifférence de presque toute la presse étrangère, un ressort essentiel du totalitarisme : l'obligation pour les candidats au mariage de présenter un certificat de bonne conduite dressé par leur unité, qui assurait aux comités du Parti un pouvoir sur la vie privée – de fait, les mutations de l'habitat et de l'organisation économique en réduisaient de plus en plus l'application. Peu après, tous les citadins ont reçu le droit à un passeport sans certificat préalable de la police ou de l'employeur[10]. Ces deux mesures ont symbolisé la sortie définitive du système totalitaire.

Mais cette évolution positive n'a pas empêché une augmentation massive des violations des droits sociaux qui est due à l'importance nouvelle de l'économie et donc de l'argent pour les cadres communistes.

La situation difficile des femmes chinoises est en effet largement due au fait qu'elles sont l'objet de commerces de toutes sortes. Cette situation est très mal connue à l'étranger car elle est peu apparente et souvent niée en Chine, y compris par les intéressées[11]. Pourtant, ce pays est à la fois l'un des rares où les femmes se suicident en plus grand nombre que les hommes, où la proportion de femmes parmi les responsables de toute catégorie est la plus faible et où les ouvrières subissent la domination la plus brutale[12]. Cette situation est entretenue à la fois par les habitudes prises avant le communisme, par les « novations » de l'ère maoïste (qui n'a libéré la femme que comme travailleuse) et par la « marchandisation » récente du sexe féminin. Mais il est certain que les autorités publiques, surtout dans les villages, portent une très lourde responsabilité en la matière.

En outre, c'est en tant que travailleur que le citoyen chinois est aujourd'hui le plus mal traité. Malgré la campagne de presse organisée durant l'été 2007 par les autorités et la publication des peines qui ont été infligées aux entreprises, rares sont celles qui respectaient alors la législation officielle. Quatre entreprises sur cinq ne signaient pas de contrats de travail avec leurs employés avant qu'une loi ne fût adoptée, applicable en janvier 2008 – mais les entreprises s'emploient d'ores et déjà à la tourner : du moins sont-elles désormais dénoncées par la presse[13]. L'irrespect de la législation contribue à expliquer le nombre incroyable des accidents du travail – 127 000 décès en 2005[14] – et le mécontentement ouvrier qui règne dans plusieurs secteurs industriels, en particulier celui des mines : en de nombreux endroits, particulièrement au Shanxi, les fonctionnaires locaux investissent à titre privé dans des mines de charbon illégales où les accidents sont fréquents et meurtriers. Cependant, les employés osent rarement s'organiser car ils sont surveillés par des nervis au service des patrons. Les entreprises s'arrogent en effet souvent des pouvoirs de police : un correspondant du *New York Herald Tribune* rapporte ainsi comment il a été détenu par les gros bras d'une usine – les policiers présents n'osant pas intervenir[15]. Les travailleurs migrants sont soumis à des traitements autoritaires, voire à des formes d'esclavage, ainsi que l'ont montré plusieurs scandales en 2007. Dans tous ces cas, les entreprises bénéficient de la complicité des autorités locales.

Une recette chinoise : l'autoritarisme relâché

De la période maoïste, il reste certes quelques traits inimitables. Ainsi les dirigeants logent-ils dans le même parc impérial qu'avaient occupé Mao Zedong et ses compagnons en 1949, à deux pas de la Cité interdite. Seuls de rares visiteurs y sont admis et les plus hauts responsables n'accordent jamais d'interviews. Et pourtant, le régime a réduit ses objectifs politiques – il promet que la Chine restera plus de cinquante ans dans la « phase primaire du socialisme ». Le principe de nationalisation du sol a perdu de sa substance en ville, où l'on est en principe propriétaire pour soixante-dix ans. De plus, les autorités ont décollectivisé toute la production agricole et dénationalisé, pour plus de la moitié de leur production, les autres branches d'activité – en conservant bien sûr la domination des secteurs essentiels et la maîtrise indirecte de l'ensemble de l'économie...

Le contrôle politique sur le corps social n'a pas disparu, mais il s'est relâché. Sont encore réprimées les activités d'opposition, non les opinions individuelles, lesquelles circulent librement dans l'espace familial et, avec quelques précautions, dans le cercle des amis et des collègues. Il en va autrement de la publication des opinions non conformes. Le contrôle du cinéma, de l'édition et de l'information est constant et sophistiqué, quoique beaucoup moins étroit que par le passé. Chaque projet de film doit être soumis à l'avance aux autorités ; seuls vingt films étrangers par an reçoivent une autorisation de diffusion, mais la censure est moins dure dans l'ensemble. L'édition, elle, est beaucoup plus diverse et ouverte à la littérature étrangère. En 2005, plus de deux cent mille nouveaux titres ont été publiés, soit une progression globale de 6,8 % – et de 20 % dans les sciences humaines et sociales[16]. De plus en plus de livres contribuent à la mémoire de la Chine ancienne et à celle des héros fondateurs du régime mais aussi au souvenir des souffrances récentes, et en particulier des tragédies familiales[17].

De même, le régime maintient un contrôle de l'information solide et le concentre sur un certain nombre de secteurs stratégiques : les titres de première page, les éditoriaux et les journaux télévisés – tous les mêmes ! Ce contrôle est si puissant et si omniprésent qu'il ne nécessite généralement pas de mesures répressives. Les emprisonnements de journalistes que dénoncent les organisations de défense des droits de l'homme – et qui touchent une trentaine des cinq cent cinquante mille journalistes chinois – sont en général des règlements de comptes commandités par des mafias locales. De fait, la presse critique de plus en plus souvent les erreurs des autorités provinciales : ainsi a-t-on vu à l'automne 2006 celles du Fujian laisser éclater leur colère contre l'agence Chine Nouvelle pour ses reportages jugés négatifs sur la façon dont elles avaient dirigé la lutte contre de graves inondations.

En outre, le contrôle de la presse fonctionne dans chaque organe à travers des circuits hiérarchiques qui laissent leur place aux rivalités de personnes, aux désaccords professionnels et aux nuances éditoriales. Si donc l'information est en général biaisée, c'est de façon inégale. Elle laisse percer des fragments de vérité qui permettent aux lecteurs ou aux auditeurs de se former un jugement : ainsi ai-je rencontré un chauffeur de taxi qui, au fil des ans, s'était constitué une véritable compétence sur les crises moyen-orientales en écoutant les bulletins de la radio officielle : « Je m'en tiens aux faits que l'on diffuse et ensuite je réfléchis par moi-même et parviens à retrouver ceux qui ont d'abord été passés sous silence », m'a-t-il déclaré.

Il arrive même de plus en plus souvent que le pouvoir central trouve avantage à la révélation de certains scandales locaux. Ainsi, en janvier 2000, c'est un quotidien du Sichuan qui a révélé le scandale du sang contaminé au Henan et, dans l'été 2007, des journalistes ont « sorti » une affaire d'esclavage industriel[18]. Mais la liberté ainsi concédée est réduite et transitoire. Seuls quelques organes comme le *Week-End du Sud* parviennent à se spécialiser dans un journalisme d'enquête dont la marge d'autonomie est en permanence menacée.

Les nouveaux moyens d'information sont bien plus difficiles à contrôler. Récemment, à Davos, le P-DG de China Mobile révélait ingénument qu'il fournit aux autorités toutes les informations qu'elles demandent sur ses clients. On sait par ailleurs que la propagande officielle peut dans beaucoup d'endroits être automatiquement diffusée sur les téléphones portables. Mais il paraît tout de même difficile de surveiller les SMS et les conversations des six cent millions d'usagers, et l'expérience prouve que de nombreuses protestations populaires sont organisées grâce aux téléphones portables[19].

Il en est de même pour internet, dont les usagers sont environ quatre cent millions. Sans doute les autorités se sont-elles dotées, à l'intérieur du bureau d'information du Conseil des affaires de l'Etat, de remarquables équipes techniques qui ont été capables en octobre 2007, durant quelques heures, de bloquer les moteurs de recherche américains de Google, Yahoo et Live pour réexpédier automatiquement les internautes sur le site du moteur chinois Baidu[20]. Mais les manœuvres de ces derniers sont adroites et sans cesse renouvelées. Les campagnes de répression n'en sont que plus brutales : fermeture de cybercafés, destruction de certains sites ou d'adresses électroniques, descentes de police[21]... Les protestations internationales contre les tentatives récurrentes du pouvoir chinois d'affirmer son contrôle et d'intimider les sites étrangers ne doivent pas cacher, cependant, que la Toile chinoise est devenue une extraordinaire fenêtre sur le monde en même temps qu'une vraie plate-forme d'opinion.

Sur cette scène mouvante et multiple se préparent sans doute les grandes mutations de l'avenir. D'après une enquête récente, 53 % des internautes chinois estiment s'y exprimer plus librement que dans la vie réelle et 50 % reconnaissent que l'usage d'internet a modifié leur personnalité[22]. Les autorités le savent et s'inquiètent des mutations souterraines de l'état d'esprit populaire. C'est sans doute à ce phénomène que Hu Jintao faisait allusion quand il s'est plaint dans son rapport au XVIIe congrès du PCC en octobre 2007 que « nos succès... ne répondent pas toujours aux attentes du peuple... les gens sont aujourd'hui plus indépendants, plus sélectifs et plus changeants[23] ».

Comme ailleurs, donc, internet est en Chine un espace d'information et de socialisation, mais aussi de circulation des opinions. Des mobilisations spontanées s'y produisent, soit sur les inquiétudes sociales du moment (par exemple le coût des logements dans l'été 2007), soit très souvent sur des thèmes nationalistes (ainsi, quand la firme Renault détourna une photo de Mao Zedong dans l'une de ses publicités). Le courrier électronique permet aussi la constitution de listes d'interlocuteurs qui sont autant d'amorces d'associations : j'en témoigne, pour avoir été membre de plusieurs d'entre elles, dont les animateurs sont surveillés, certes, mais n'ont jusqu'à présent pas été sérieusement inquiétés. Les blogs se multiplient et la plupart de leurs auteurs parviennent à rester anonymes. Au total, ce sont des masses d'informations qui circulent par ces canaux. Face à ces phénomènes massifs, l'arrestation d'une cinquantaine de cyberdissidents est un fait scandaleux mais secondaire[24].

Naissance d'une opinion publique ?

Arrêtons-nous sur la plus importante des mobilisations véhiculées par l'internet jusqu'à présent. Au printemps 2003, durant l'épisode du SRAS, la colère des internautes a nourri celle des citadins et contraint les autorités à réagir contre l'épidémie : à cette occasion, les e-mails et les SMS ont eu raison des mensonges et de l'incompétence de la municipalité de Pékin[25].

Cet épisode a révélé non seulement des failles majeures dans le contrôle de l'information, mais aussi un phénomène d'opinion. Sans doute est-il réduit aux grandes métropoles urbaines, et sa nouveauté n'est-elle pas entière : durant l'époque totalitaire aussi, des mouvements d'opinion se sont produits à la faveur des hésitations du régime, les uns explicites et les autres plus diffus. Pourtant, il semble qu'un nouveau cycle ait commencé avec les débauchages massifs pratiqués dans l'industrie par le gouvernement chinois au milieu des années 1990, qui ont provoqué des manifestations protestataires et des phénomènes de solidarité largement suivis. En outre, des turbulences nationalistes ont éclaté à plusieurs reprises dans les grandes villes : notamment en mai 1999 contre le bombardement par l'armée américaine de l'ambassade chinoise à Belgrade, et en avril 2005 contre le Japon. D'autres sujets d'intérêt général provoquent également des mouvements d'opinion : les calamités naturelles, les épidémies, les scandales du système de santé, les accidents du travail, les transports publics, les expulsions provoquées par la « rénovation urbaine » et, de plus en plus, les problèmes d'environnement...

Ces mouvements d'opinion peuvent déboucher sur des manifestations publiques. Dans les grandes villes, l'installation d'une usine polluante peut rencontrer la colère de la population et même l'opposition des édiles municipaux A Xiamen (Fujian), la protestation populaire a bloqué le projet d'implantation d'une usine chimique, et, à Shanghai, les « cols blancs » bataillaient encore au début de 2008 contre une extension dans la zone urbaine du « super-train » de l'aéroport qui risquait de gâcher leur environnement et de diminuer la valeur de leurs propriétés[26]. Ailleurs, la hausse des tarifs des transports peut provoquer une émeute.

Ces mobilisations produisent parfois leur effet au grand jour. Les sondages d'opinion, dont la presse est de plus en plus friande, traduisent l'audace croissante de l'opinion. Ainsi, le *Journal de la jeunesse chinoise* rapportait dans l'été 2006 que plus de 70 % des Chinois s'opposeraient à une éventuelle taxe sur l'héritage. Et vers la même époque le *Quotidien de la jeunesse de Pékin* signalait benoîtement que « plus de 80 % des Chinois s'inquiètent de la sécurité des médicaments dans le commerce[27]... ».

Si l'opinion est plus audacieuse, c'est aussi que l'attitude du pouvoir commence à changer, on l'ignore trop souvent à l'étranger. Certains dirigeants affichent leur respect pour les simples gens, et le Premier ministre Wen Jiabao n'hésite pas à manifester sa compassion aux victimes d'un accident climatique ou sanitaire. Durant les grandes intempéries du nouvel an 2008, les neuf plus hauts dirigeants chinois sont allés témoigner leur compassion aux voyageurs bloqués dans les gares et aux autres victimes. La propagande officielle loue les responsables qui n'hésitent pas à rallier l'opinion publique. En cas de calamité naturelle, les autorités locales sont désormais jugées à la fois par leur opinion publique et par le Centre. Celui-ci a ordonné que le secret soit levé sur le nombre des victimes et interdit – en principe – aux gouvernements locaux d'empêcher les mécontents d'aller se plaindre à Pékin[28]. Tout scandale est désormais pour lui une opportunité de sévir contre les responsables et de rappeler à leurs collègues qu'ils ont intérêt à maintenir « harmonieuse » la « société » dont ils ont la charge...

Bien entendu, dans ses profondeurs, l'appareil politico-administratif manifeste toutes sortes de résistances à ce nouveau cours. Le régime étant ce qu'il est, les autorités locales n'ont guère l'habitude de consulter leurs administrés. En fait, suivant les rapports de force et les situations locales, l'expression de l'opinion publique est encouragée (et autant que possible aiguillée), simplement admise, manipulée ou écrasée.

Au pays des microclimats

Cette diversité extrême des situations pointe une caractéristique importante de la situation politique depuis trois décennies : alors que les moyens de communication ne cessaient de s'améliorer et que les fameuses « unités de travail » formées par le communisme maoïste s'effondraient dans les villes, la cellularité administrative se renforçait dans l'immense espace chinois. Bien plus encore que par le passé, celui-ci est désormais constitué par une infinité de cellules soumises à la loi de leurs chefferies – le grand spécialiste américain Michael Oksenberg est allé jusqu'à parler d'« autoritarisme fragmenté » à propos du régime politique chinois[29].

Cette parcellisation est d'abord l'effet d'une géographie qui présente une infinie diversité à l'intérieur des sous-espaces régionaux[30]. Elle a été ravivée par l'autonomisation des cellules de l'ancien quadrillage totalitaire[31]. Elle dépend aussi d'une politique économique – celle de Deng Xiaoping – qui a fondé l'élan modernisateur sur la décentralisation et la mise en concurrence des localités avant de se défausser sur les collectivités locales de la charge des services publics et de leur financement, excellent prétexte de prédation pour les cadres[32] ! L'enquête de Guy Sorman rapporte que 40 % des taxes prélevées sur les paysans n'ont aucune base légale et ne sont jamais reversées dans les caisses publiques[33].

Ainsi se sont constitués ce que Minxin Pei appelle des « Etats locaux prédateurs[34] ». Les intérêts locaux présentés comme les plus légitimes priment alors les règles du droit et de la morale ; tous les délires deviennent possibles, comme dans le district de Fumin, au Yunnan, dont les dirigeants avaient décidé de parfaire leur tâche écologique en répandant de la peinture verte sur la montagne qui faisait face à leurs bureaux[35]... Les chercheurs les moins pessimistes reconnaissent que, dans les domaines non prioritaires pour Pékin (comme les charges de la paysannerie), les cadres locaux sont assez libres : ils profitent sans hésiter de leur liberté pour s'approprier une partie variable des impôts paysans et trafiquer la propriété du sol au nom de l'Etat[36].

Ce phénomène d'origine très ancienne n'avait jamais complètement disparu après 1949 – dans les années 1950, un dirigeant de district du Henan entretenait une troupe de théâtre[37] – mais il a été accéléré par la détente politique et la décentralisation économique. Dès les années 1990, on a pu remarquer dans diverses provinces, dont le Shanxi, la montée de sentiments identitaires[38]. Aujourd'hui, sur des problèmes essentiels, le régime paraît scindé non pas horizontalement entre les différentes factions de dirigeants centraux, mais verticalement, entre la faction dominante du Centre et un appareil provincial et local très complexe qui n'applique pas toujours la politique économique officielle[39].

Au sein de cet appareil, les dirigeants provinciaux possèdent une influence en principe forte, mais les responsables de base peuvent disposer de pouvoirs littéralement féodaux. Dans leur ensemble, tous bénéficient d'avantages exorbitants, les uns matériels et les autres liés à l'exercice du pouvoir et à leurs relations. A partir du niveau des villes, ils vivent dans de bonnes conditions, disposant de bureaux souvent neufs et de logements de fonction, et festoyant à volonté. Une minorité significative s'efforce de travailler honnêtement ou fait de la rigueur morale un facteur de carrière : j'en ai rencontré. Mais il semble que les plus nombreux n'hésitent pas à monnayer leur influence contre des aides à la famille, des dessous-de-table ou, mieux encore, des actions en bourse gratuites...

Souvent, ils bénéficient de la protection rapprochée de la police qui, elle-même, a ses propres intérêts, par exemple dans la prostitution : on sait par exemple que la charge de responsable de la sécurité d'une ville est très recherchée. Les familles des chefs règlent parfois elles-mêmes leurs affaires, sans crainte des conséquences : ainsi les parents d'un dirigeant de Luoyang qui venait de décéder à l'hôpital en sont-ils venus à battre quatre infirmières qu'ils jugeaient responsables[40].

Pourtant, la cellularité de l'espace peut aussi favoriser des phénomènes plus positifs de politisation des communautés rurales, comme le montrent les élections villageoises qui ont concerné 110 millions de paysans au début 2004[41]. Beaucoup d'observateurs font remarquer avec dédain qu'elles ne seraient pas parfaitement démocratiques

– ce qui est vraisemblable – mais il semble bien que l'affaire échappe aux schémas tout faits. Si le pouvoir a autorisé ces élections, c'est en partie pour réduire les accaparements et les violences illégitimes ainsi que pour renouveler les responsables locaux du PCC, souvent au service de clans plus que du Parti : et c'est effectivement ce qui semble se produire dans de nombreux cas, au bénéfice de l'application de la politique officielle mais aussi d'une attention plus réelle à la population. Mais l'avenir seul dira si la généralisation des élections villageoises depuis 1997 aura permis l'équivalent chinois de la formation des élites républicaines dans la France rurale du XIXe siècle que Maurice Agulhon a si brillamment analysée[42].

Les ONG chinoises illustrent un deuxième effet positif du morcellement territorial. La plupart ont un champ d'intervention très local car elles réalisent des services de proximité (aide aux personnes âgées, services communautaires[43]). Elles trouvent souvent une certaine liberté d'action grâce à la localisation de leur travail et au soutien des autorités de village et de canton. On sous-estime en général leur nombre, en négligeant le fait que beaucoup d'entre elles ne sont pas enregistrées officiellement – en fait, pour 300 000 reconnues, il en existe plus de deux millions[44]. Et on dédaigne plus encore leur influence, au prétexte qu'elles manifestent une loyauté au moins formelle à l'égard du régime – au reste, une circulaire du département de l'organisation du PCC a encouragé en 1998 l'établissement d'organes du Parti dans les ONG[45]...

Mais c'est négliger que dans les conditions de la Chine actuelle – écrasement de la dissidence démocratique, triomphe économique et diplomatique du pouvoir communiste –, il n'est d'influence possible qu'à l'intérieur du régime. Par exemple, telle ONG très active dans la défense des femmes migrantes profite de ses rapports étroits avec la très officielle Fédération des femmes et des relations personnelles de sa présidente, fille d'une grande écrivaine que Zhou Enlai appréciait, députée à la Conférence consultative du peuple chinois, et régulièrement invitée au Forum de Davos... Mais l'efficacité d'une ONG sur le terrain dépend surtout de ses rapports avec les autorités locales, qui conditionnent la portée de son rôle d'information et de politisation. Cela semble particulièrement vrai des ONG spécialisées dans la protection de l'environnement, qui, d'après des enquêtes récentes, peuvent jouer une véritable rôle de mobilisation sociale[46].

L'espace chinois est donc un espace de microclimats, les uns surtout marqués par la criminalisation du pouvoir, les autres par une mise en débat des principaux problèmes locaux, la plupart probablement conjuguant les deux phénomènes.

Les serfs sont devenus des individus !

Il n'en subsiste pas moins un espace global sur lequel le pouvoir central peut agir. Mais il a changé de nature. C'était sous Mao Zedong celui d'une mobilisation violente et totalement orientée vers le futur. Désormais, le pouvoir ne se contente plus de promettre et d'écraser, il réalise ou rend possible une évolution positive, à la fois concrète et vérifiable, que chacun peut mesurer par la monnaie et le pouvoir d'achat : une alimentation plus riche, un meilleur logement, des loisirs...

Sans doute le pouvoir central a-t-il engagé cette politique pour des raisons fort peu philanthropiques. Il s'agissait à l'origine de protéger et consolider le régime communiste. Et le succès a été au rendez-vous. Mais dès lors que l'accent principal se déplaçait du champ politique vers le champ économique, le peuple gagnait de l'importance. Il cessait d'être une masse informe d'individus mobilisables et corvéables à merci pour devenir un ensemble nécessaire – donc respectable – de producteurs et de consommateurs, dont il fallait reconnaître l'individualité. Cet individu nécessaire, il ne fallait pas seulement le contrôler et l'éduquer, mais le respecter et s'adresser à lui...

Comment éviter que cette autonomie nouvelle soit également investie dans le domaine de la vie privée ? En quelques décennies dans les villes, et plus lentement dans les campagnes, l'importance dévolue à la vie privée a augmenté. Autrefois encadrée et dominée, elle s'est libérée et les choix personnels se sont diversifiés. On trouve aujourd'hui des boîtes de nuit homosexuelles et, le dimanche matin, les amateurs des loisirs les plus bizarres se donnent rendez-vous aux portes des villes... Peu à peu, l'invraisemblable s'est produit : les individus – pour l'essentiel des citadins, c'est vrai – se sont mis à défendre leur liberté privée. Un couple de jeunes mariés condamnés à une peine de prison pour avoir visionné un film pornographique se sont pourvus en appel, avec succès. Plus récemment, deux jeunes Shanghaïens photographiés en train de s'embrasser dans le métro de Shanghai ont porté plainte contre ledit métro car la photo s'était retrouvée sur le net[47]... Ces mutations tissent la trame du futur car, chacun le sait et beaucoup le disent, il ne sera pas éternellement possible de refuser les libertés publiques à des individus auxquels on aura déjà concédé les libertés privées.

La reconnaissance d'une forme d'individualité, d'ores et déjà, a entraîné une sorte de partenariat économique entre le pouvoir et la population. A mesure que se vérifiait la justesse du pari sur la croissance, les cercles du pouvoir ont évolué de l'idée d'une prospérité concédée à la pratique plus ou moins consciente d'une prospérité contractuelle, où les serfs d'autrefois sont devenus des individus à la fois producteurs et consommateurs indispensables à la croissance. Et les dirigeants d'appeler le peuple à consommer plus et de lui promettre des améliorations de salaires.

Situation combien neuve et redoutable ! Pour la première fois, le peuple chinois se voit accorder non pas encore le droit – d'ordre politique – de donner son avis, mais celui – d'ordre pratique – de participer de façon autonome à un processus – produire et consommer – essentiel à l'avenir de tous. Si le peuple chinois n'a pas plus qu'avant accès à la démocratie, sa collaboration économique est publiquement considérée comme indispensable, ce qui lui confère un tout autre statut qu'autrefois, qui lui garantit désormais non seulement la survie, mais un minimum d'attention et de respect de la part de ses maîtres.

De ce statut, les individus profitent pour élever leurs gains, mais sans pour autant recourir au syndicalisme libre et à la politique, qui présentent le double inconvénient d'être interdits et dangereux. Dans une économie en expansion, qui a besoin de main-d'œuvre, et d'une main-d'œuvre qualifiée, le moyen le plus efficace de progresser est de mettre en concurrence les entreprises. Après avoir fait ses preuves pendant quelques mois, l'employé demande une augmentation et, s'il ne la reçoit pas, part dans l'entreprise d'en face : c'est pour cela que tant d'hôtels chinois se sont installés près de leurs rivaux des grandes chaînes internationales, sûrs de débaucher, pour quelques sapèques de plus, le personnel dûment formé à l'occidentale... Toutes les sources disponibles confirment la remarquable mobilité de la main-d'œuvre chinoise :

chaque année, environ 33 % des cadres du secteur tertiaire quittent leur entreprise[48]. Les patrons occidentaux voient disparaître en un clin d'œil la secrétaire parfaite qu'ils avaient si minutieusement formée et dont ils croyaient s'être attaché les services pour longtemps !

A chacun donc son actualité dans la Chine d'aujourd'hui. Chez les gens d'en haut, elle est celle des rapines et de l'accumulation des fortunes familiales. Et, dans le peuple des « cent noms », celle de la course aux salaires plus élevés et aux bons prix... Qui a dit que les travailleurs chinois travaillaient pour le travail, en quelque sorte par éthique, plutôt que pour l'argent ? Qu'il aille constater là-bas comme la main-d'œuvre circule entre les grandes zones atelières, téléphone portable à l'oreille, et comme les employés savent s'assoupir discrètement quand la surveillance diminue ! On dit aux citadins de consommer ? Alors ils consomment comme leurs aînés sont censés avoir fait la révolution : par une guérilla incessante. Il faut voir comme les gens s'arment de tactiques multiples pour acquérir un produit au meilleur prix. Le comportement collectif des voyageurs aussi s'est modifié. Autrefois, les retards des avions étaient considérés comme un élément inévitable de l'ordre bureaucratique du monde. Aujourd'hui, passé la première demi-heure de somnolence, la température monte, les protestations fusent, et la violence menace...

La société même qui impressionnait il y a trente ans par son apparente discipline est aujourd'hui devenue une société beaucoup plus agitée, où l'on travaille, où l'on consomme et où l'on vit chacun pour soi. Une société de travail, mais de plus en plus remuée par le peuple travailleur lui-même, dans laquelle s'amorce un vaste mouvement d'émancipation sociale, encadré par le partenariat fixé avec le pouvoir. Trop souvent, on évite d'interpréter ce mouvement dans sa globalité. On signale la fièvre chinoise d'argent et de loisirs, mais en l'illustrant d'anecdotes drôles, voire ridicules, typiques d'une pratique supposée naïve du capitalisme. Mais où est la naïveté ? Les travailleurs et les consommateurs chinois ont parfaitement compris comment fonctionne le système dans lequel ils vivent. Ils ont parfaitement compris ses duretés et s'y adaptent, mais ne manquent pas une occasion de jouir de ses avantages. J'ajouterai ici une autre anecdote, émouvante et significative. Au rayon literie du magasin Ikea de Pékin, des dizaines de clients s'endorment sur les matelas, épuisés par leur semaine de travail, et heureux de faire l'expérience du confort moderne...

La caricature du goût prétendu des Chinois pour le capitalisme s'assortit généralement du cliché opposé : on attire gravement l'attention sur les troubles sociaux effectivement de plus en plus nombreux – 75 000 en 2005 – qui éclatent dans l'ensemble du pays. Et l'on prétend qu'ils menaceraient le régime. Certains commentateurs n'hésitent pas à déclarer que les dirigeants chinois « craignent pour leur pouvoir ». Bigre ! Monsieur Hu Jintao aurait-il fait des confidences ? La garde de Zhongnanhai, des ministères et des gouvernements provinciaux aurait-elle été renforcée ? A l'évidence non. Le pouvoir ne se sent pas menacé, car il n'est pas menacé.

Il est vrai que le lucre et la brutalité des cadres locaux provoquent la majorité de ces incidents. Mais la conscience récente qu'a chacun de son nouveau droit à recevoir son dû rend l'injustice et le vol inacceptables : cette exigence morale fait toute la différence avec le passé. Rares sont les troubles qui ont d'emblée une dimension politique. La plupart sont ce que l'on pourrait appeler des conflits de répartition : une population territorialement délimitée se soulève parce qu'elle s'estime injustement expropriée, ou insuffisamment rémunérée pour la terre qui lui a été confisquée, ou car elle subit un préjudice (par exemple par la suspension de sa retraite).

Face à ces abus, les protestataires formulent souvent des offres de négociation dans un vocabulaire à la fois modéré et conventionnel. Mais elles aboutissent rarement, parce que les puissants n'ont pas précisément l'habitude du compromis. En outre, les cadres locaux opèrent à l'intérieur d'une hiérarchie qui les dissuade généralement de céder et leur fournit le secours de la force publique[49]. Ils répondent donc souvent par des tentatives d'intimidation qui provoquent de l'autre côté le recours rapide à la violence.

L'histoire de la Chine compte d'innombrables cas de révoltes. Sous Mao Zedong, celles-ci répondaient en général à des situations tragiques de dernière instance, comme durant la terrible famine du Grand Bond en avant. Désormais, au contraire, elles sont plus courantes et plus fréquentes, non seulement car la répression a diminué, mais car elles sont motivées par des raisons morales[50]. Ces raisons permettent de rallier une solidarité vigoureuse et combative, mais qui reste localisée. Ainsi l'élargissement de l'aéroport de Pékin a-t-il été sérieusement ralenti, comme il y a plus de trente ans la construction de celui de Narita, près de Tokyo, par la résistance d'un village qui, tel celui d'Astérix, mettait régulièrement en déroute les forces de l'ordre. Tout Pékin observe avec amusement et jalousie à la fois la résistance de l'irréductible village gaulois, mais personne ne se risque à lui accorder une quelconque importance politique.

Une nouvelle lutte de classes ?

Alors, pourquoi tant d'observateurs insistent-ils sur les conflits sociaux dans la Chine actuelle ? La plupart sont influencés par le schéma de la lutte des classes qui avait accompagné la révolution industrielle dans l'Europe du XIXe siècle : pas de triomphe capitaliste sans catastrophe sociale ! Et certains trouvent piquant de l'appliquer à un régime politique qui se dit encore communiste.

Cette interprétation est soutenue par un argument fort : la société chinoise est l'une des plus inégalitaires du monde : suivant le fameux coefficient de Gini, elle se trouve, avec 0,46, au niveau du Zimbabwe, et moins bien classée que les Etats-Unis. L'inégalité la plus marquée est celle qui sépare les villes des campagnes. Disparité ancienne perpétuée sous Mao Zedong, elle avait commencé à se résorber au début des années 1980, mais elle s'est creusée par la suite pour atteindre en 2003 un écart de revenu de 1 à 3,2. Dans la province du Jilin, entre 1983 et 2005 le revenu annuel des citadins a quintuplé pendant que celui des paysans doublait seulement[51]. Cette inégalité économique est aggravée par une disparité sociale et culturelle car le monde des campagnes est loin de tout ce qui compte.

La deuxième inégalité est celle qui sépare les plus riches, dont 90 % seraient des fils de cadres ou de fonctionnaires, de tous les autres. Ainsi, les 20 % les plus défavorisés de la population ne se partagent-ils que 2,75 % du revenu national. En revanche, la Chine possède 66 milliardaires et 440 000 millionnaires en euros, ce qui la place au cinquième rang du monde, devant la France et l'Italie, alors que 300 millions de ses habitants vivent avec moins de un dollar par jour[52]. Et 45 % de la richesse du pays

(50 % au Jilin) sont détenus par les 10 % les plus riches (surtout concentrés à Canton, Shanghai, Pékin, au Jiangsu, au Shandong et au Liaoning). 60 millions de personnes ont un revenu annuel supérieur à 20 000 dollars[53]. Elles constituent les membres de la classe privilégiée qui s'est formée à partir de l'appareil politico-administratif.

Il est moins aisé de repérer d'autres classes sociales. On voit se dessiner une masse citadine qui partage souvent les mêmes conditions de logement dans des grands ensembles et qui se heurte aux mêmes problèmes, en particulier la pollution et les difficultés de transport. Mais les disparités sont immenses entre ses différentes composantes, rendant insaisissable – si ce n'est par la fréquentation de certains magasins comme Carrefour et Ikea – la fameuse « couche moyenne » visée par les parfumeurs ou les joailliers occidentaux : bien souvent, celle-ci se résume à la couche privilégiée qui vient d'être citée. Les informations disponibles sur cette fameuses classe moyenne dans laquelle tant de prévisionnistes investissent leurs espoirs sont fragiles et vagues. Pour Gilles Guiheux, elle comprend de 10 à 20 % de la population. On attend avec intérêt la confirmation des hypothèses formulées par Jean-Louis Rocca suivant lesquelles ses modes de vie témoigneraient d'une combinaison de modernité individuelle et de néoconservatisme moral et politique[54].

Le « prolétariat » est pour sa part animé de courants contraires. L'aristocratie ouvrière formée par le communisme a été partiellement détruite, ce qui a engendré des révoltes de chômeurs dont le langage et les modes d'action évoquaient parfois des mouvements occidentaux. Un nouveau prolétariat venu des campagnes est apparu, dont les conditions de vie sont très dures et les rangs pléthoriques : plus de 150 millions de travailleurs migrants ! Mais le moins que l'on puisse dire est que les prévisions catastrophistes qu'il a inspirées n'ont pas été confirmées : ce sous-prolétariat ne se révolte pas, en particulier parce que tout lui paraît préférable à la vie qu'il vient de quitter. En outre, depuis 2003-2004, le pouvoir central promet d'améliorer la condition des migrants. L'amélioration est effective, mais lente, et paraît surtout due à la hausse progressive des salaires.

Enfin, les paysans, dont la condition universelle était il y a peu proche du servage, ont connu des sorts très variés après leur libération des communes populaires – il n'y a pas grand-chose de commun entre la paysannerie enrichie du Jiangsu, celle qui vit pauvrement dans les plaines à blé du Henan et celle qui se cramponne à l'existence dans les steppes asséchées du Nord-Ouest. Le monde paysan est travaillé par de puissants mouvements migratoires qui vident les parties les plus pauvres, qui sont souvent accidentées, des provinces les plus peuplées. Les autorités sont désormais conscientes du problème. En janvier 2004, le fameux « Document n° 1 » du Comité central du PCC a été consacré, pour la première fois, aux paysans chinois, et par la suite de nombreuses mesures concrètes ont été adoptées, que les localités ont cependant le plus souvent négligé d'appliquer. La taxe agricole aurait cessé d'être prélevée en janvier 2006, mais les témoignages reçus conduisent à douter qu'elle n'ait pas été remplacée par une ou plusieurs autres taxes[55]...

En fait, depuis que l'adhésion à l'OMC a ouvert les frontières à des importations agricoles beaucoup moins chères, la stratégie du pouvoir semble avoir changé. Probablement parce qu'il craignait les effets socialement dangereux d'un retour à l'agriculture totalement privée – la concentration des terres au profit d'une minorité et la formation d'un vaste prolétariat rural –, il a confirmé sa décision de ne pas choisir, parce qu'elle lui paraissait trop dangereuse, la solution de privatiser la propriété, et non plus seulement l'exploitation de la terre, qui aurait permis de relancer les investissements et de rendre l'agriculture plus compétitive. Et il semble avoir trouvé un expédient : vider les campagnes des trois quarts de leur population pour les investir à la ville dans le combat le plus important et le plus rentable, le combat industriel. Plus tard, dans des zones rurales dépeuplées, il réalisera peut-être son vieux rêve, qui a toujours été de créer de grandes exploitations mécanisées, qu'il privatisera au bénéfice de ses meilleurs cadres ruraux. Aussi incroyable que cela puisse paraître, la paysannerie paraît donc aujourd'hui un monde en sursis.

Au total, si une grande majorité des incidents sociaux sont engendrés par les abus des dominants, ils ne semblent pas inspirés par des « consciences de classe » claires. Et ils ne paraissent pas très menaçants pour le pouvoir car ils sont à la fois peu durables et localisés. Bien souvent ils ne remettent pas en cause la croyance très générale qui pousse de nombreux malheureux à venir exprimer leur protestation à Pékin, suivant laquelle le « Centre » du régime, demeuré vertueux, constitue l'ultime recours[56].

La classe plouto-bureaucratique

En revanche, tout indique que la Chine est à la fois dominée et entraînée par une classe plouto-bureaucratique, formée autour du pouvoir et de l'argent. « Comme en Russie, écrit Lucien Bianco, la « nouvelle classe » de Djilas a enfanté une « nouvelle nouvelle classe » qui recycle à son profit la propriété d'Etat[57] ». Effectivement, cette classe est une excroissance de la couche bureaucratique qui s'est formée après la prise de pouvoir du PCC en 1949 – mais dont la cohésion avait été mise à mal par les campagnes de rectification internes puis par la Révolution culturelle. Si les premiers entrepreneurs privés semblent lui avoir été souvent extérieurs, elle a ensuite intégré ceux d'entre eux qui ont réussi[58]. Par la suite, une vaste partie des cadres ont « plongé dans la mer » des affaires. Grâce à leurs relations, ils ont profité de la privatisation de nombreuses entreprises d'Etat et de la gestion laxiste de celles qui subsistaient pour développer leurs propres entreprises. Ensuite, ils ont constitué des réseaux d'intérêt grâce à des alliances familiales et à de nouvelles amitiés. Mais ils n'ont jamais abandonné les relations qu'ils entretenaient dans l'appareil politico-administratif. En effet, le pouvoir immense conservé par l'Etat-Parti sur l'économie et l'imbrication multiforme des secteurs public et privé les rendent indispensables : elles sont donc richement rémunérées, au point que certains postes particulièrement juteux dans les provinces s'achètent comme autrefois les charges sous la monarchie française.

Cette plouto-bureaucratie est donc duale. Elle comprend deux populations unies par un passé, des relations et des intérêts communs ainsi que, bien souvent, par les liens du sang. Mais de plus en plus nombreux sont ceux qui en portent la double casquette. Ainsi, alors que les deux tiers des chefs d'entreprise sont d'anciens cadres communistes, un nombre croissant d'entre eux sont en même temps, comme le P-DG de la firme Haier, secrétaires du Parti de leur société : de la sorte, pour eux, les choses sont plus simples ! D'autres sont appelés à d'importantes responsabilités locales et, depuis 2005, on recrute d'anciens dirigeants du privé dans des postes de direction du secteur public[59]. Il y a donc des patrons, mais pas de patronat, comme l'a écrit Frédéric Bobin, qui poursuit en montrant que, plus les entreprises sont prospères et privatisées, et plus les patrons acceptent la primauté de l'Etat. Il faut croire qu'ils y ont tout intérêt, car la précarité financière et judiciaire du chef d'entreprise est extrême : la liste des « très grandes fortunes » ne cesse de se modifier[60].

Les plouto-bureaucrates servent sans barguigner les hiérarchies politiques et administratives dont ils dépendent. De toutes les façons possibles, ils réalisent une sorte d'« enveloppement social » qui contribue à la maîtrise de la population[61]. Cet enveloppement est particulièrement apparent dans les villes de province où les responsables politiques et les hommes d'affaires se fréquentent et collaborent. Les premiers fournissent par exemple les autorisations administratives et la protection de la police – les seconds, eux, font marcher la machine de l'économie, assurent l'emploi et la discipline du travail ainsi que... les revenus annexes de leurs protecteurs et de leurs clients.

Cette frange supérieure de la société chinoise mériterait d'être comparée à celle qui contrôle aujourd'hui la Russie post-communiste. Tout aussi prédatrice, elle paraît cependant plus entreprenante et plus créatrice de richesse, sans doute car son soutènement politique, l'Etat chinois, s'est aussi montré plus solide et plus efficace dans l'exécution de ses propres tâches. Par son action économique et son influence sociale, elle est peut-être *le* facteur qui a permis au régime de changer tant de choses sans rien changer – ou plutôt, en en donnant l'impression. En effet, elle jouit d'une double légitimité qui ne laisse guère d'espace à la contestation : elle rassemble les maîtres d'un communisme national et les acteurs privilégiés du capitalisme mondialisé ; et elle manie les outils à la fois politiques et économiques de la domination.

Il y a plus. La bivalence politico-économique de la classe dominante contribue sans doute à expliquer que le pouvoir du Parti communiste chinois ne soit pas – ou pas encore – mort du virus que le monopole entretenait dans son sein : celui qui, pendant près de trois décennies, a interdit au régime de comprendre la différence et de rivaliser avec elle. Deng Xiaoping lui-même s'était contenté jusqu'au milieu des années 1990 d'adopter certaines procédures du capitalisme sans pour autant leur adjoindre les règles et les modalités qui le font rentable, l'organisent et le civilisent.

Depuis une dizaine d'années, la situation a changé. Pour rendre leur système plus rentable, les responsables chinois ont purgé le secteur d'Etat puis desserré les contraintes qui pesaient sur le secteur privé et les investissements étrangers. Pour l'organiser, ils ont complété la législation commerciale et l'ont appliquée de façon plus stricte. Pour le civiliser – c'est-à-dire pour diminuer les souffrances infligées aux travailleurs et plus généralement à l'ensemble de la société –, et ainsi pour rendre leur régime plus durable, ils ont initié des politiques sociales d'abord dévolues à l'aide aux chômeurs puis progressivement étendues à d'autres domaines : vieillesse, maladie, équipements urbains, environnement, culture... Avec l'équipe Hu Jintao-Wen Jiabao, cet ensemble de mesures a trouvé son concept dirigeant : celui de « société harmonieuse ». Il s'agit désormais de faire évoluer l'autoritarisme ploutocratique vers une sorte d'autoritarisme social – ou de lui en donner le masque.

Comment comprendre que la bureaucratie la plus militante de l'histoire communiste, celle qui est allée le plus loin dans l'aventure totalitaire, se soit muée en une plouto-bureaucratie opportuniste dont les chefs s'ouvrent à la mondialisation capitaliste et cautérisent les blessures de leur société ? Comment comprendre l'accord qui s'est noué chez elle entre la continuité et le changement, entre l'identité et la différence ? Comment envisager que les responsables qui dénoncent encore les influences pernicieuses du « libéralisme » occidental soient les mêmes qui lui siphonnent sa technologie et ses idées ? Que ces idéologues nationalistes commissionnent en tous pays des missions d'enquête ? Aux dernières nouvelles, les journaux chinois débattaient du modèle suédois ! Et comment comprendre que ces fossoyeurs de la liberté de l'esprit demandent à leurs intellectuels de leur cxpliquer la mondialisation ?

Un retour sur l'histoire communiste met en évidence la faible imprégnation marxiste d'un Parti communiste avant tout nationaliste et militaire, que Mao Zedong a terrorisé plutôt qu'éduqué. S'y ajoute un opportunisme stratégique, que Staline avait d'emblée perçu, et plus encore cette aptitude des cadres communistes, apprise au cours d'une longue lutte, à « tenir compte de leurs échecs et s'adapter au matériau » dans laquelle Lucien Bianco voit la raison principale de la victoire de 1949[62]. Je crois aussi à des raisons relevant d'une histoire plus récente. D'abord, l'appareil bureaucratique qui suivait péniblement Mao Zedong a été à tel point bouleversé par la purge de la Révolution culturelle qu'après la tempête tout était bon à ses yeux pour éviter le renouvellement d'une telle expérience. Ensuite et surtout, grâce à Deng Xiaoping, le même appareil s'est jeté dans les affaires avant – et non après comme en Russie – la chute du communisme. De la sorte, sa transformation en plouto-bureaucratie s'est opérée sous le pouvoir communiste et à son avantage. Cet appareil s'est ainsi élargi en une classe sociale d'apparatchiks et d'hommes d'affaires : une classe clairement acquise au communisme – non en tant qu'idéologie mais en tant que système de pouvoir – mais capable d'étudier et d'écouter le monde capitaliste, qui a engagé un nouveau cours mais sans s'y identifier complètement – soit qu'elle reste aussi attachée au passé, soit qu'elle soit déjà engagée dans un avenir capitaliste... On l'aura compris, ces plouto-bureaucrates sont à la fois la grande force et la pire fragilité du régime chinois.

2

Dans un nouveau monde

L'entrée dans le monde – Un statut mondial brillant mais fragile

Une forte croissance n'était pas envisageable sans changer le rapport de la Chine au monde. Le totalitarisme entretenait l'isolement du pays : en sortir impliquait l'ouverture. Le développement de l'économie réclamait quant à lui de trouver dans le monde les ressources techniques et les débouchés commerciaux nécessaires.

L'ouverture au monde était donc le prélude à l'entrée dans le monde, qui a donné à l'économie chinoise contemporaine le souffle puissant que nous lui connaissons aujourd'hui.

L'entrée dans le monde

Dans les premiers temps, il ne s'agissait que d'ouvrir la Chine au monde. Et avec une extrême prudence. Cette ouverture est alors surtout politique et stratégique, n'aborde l'économie qu'au travers d'accords gouvernementaux, sauf pour ce qui concerne les rapports avec la

Chine d'outre-mer, et ne s'étend à la culture que pour des échanges étroitement contrôlés par les institutions chinoises officielles. Cette prudence ne s'efface que faiblement à partir de 1985, quand Pékin commence à reconnaître le caractère positif de l'ONU et entreprend les premières négociations préparatoires à son entrée dans l'OMC. Elle est logique : d'une part les mutations intérieures s'opèrent lentement, et d'autre part les dirigeants chinois savent quelle attraction l'Occident démocratique exerce sur leur société urbaine dans ces années de dégel.

C'est justement la contradiction entre l'attraction citadine pour l'Occident et le contrôle despotique maintenu par le pouvoir qui a été, dans un contexte intérieur d'inflation, la cause fondamentale de l'insurrection démocratique de 1989. Mais son échec a paradoxalement autorisé le pouvoir à développer sans danger le rôle du marché et à étendre l'ouverture aux économies et aux cultures d'Occident : ainsi fut fait à partir de 1992. Lorsqu'il désigna Zhu Rongji pour gouverner cette accélération, Deng Xiaoping lui déclara froidement : « Le plan et le marché sont des instruments..., ils ne sont pas en eux-mêmes des standards de capitalisme ou de démocratie[1]. » Un appel désormais franc et massif était lancé aux investissements étrangers : ceux-ci intensifieraient les gains de technologie, apporteraient les financements manquants et permettraient aux autorités de retarder le développement de l'entreprise privée, c'est-à-dire d'empêcher la naissance d'une bourgeoisie[2]...

Fallait-il aller jusqu'au bout de cette évolution et entrer pleinement dans une économie mondiale de plus en plus globalisée, c'est-à-dire dominée par les Etats-Unis, le Japon et les pays européens ? La question se posa dans les années 1997-1999. Après beaucoup d'hésitations, l'équipe

Jiang Zemin-Zhu Rongji décida de franchir le pas et fit passer l'ouverture dans une troisième phase. Il s'agissait désormais de s'intégrer au monde tel qu'il était : Pékin fut admis à l'OMC en novembre 2001. Il s'agissait aussi, pour convaincre les nombreux opposants, d'en tirer des profits immédiats – le premier fut l'attribution à Pékin des Jeux olympiques de 2008, puis le triomphe des exportations chinoises en ajouta bien d'autres. Avec Hu Jintao et Wen Jiabao, à partir de 2002-2004, le tournant s'accentua encore. Désormais, la politique extérieure englobait les domaines politique, économique et même culturel, parce que le monde n'était plus seulement un espace extérieur, mais l'espace au sein même duquel la Chine se développait désormais et dont elle devait tout comprendre. Les années 2000 sont celles où l'appareil d'intelligence chinois – dans tous les sens du terme – s'est le plus déployé vers le monde, qu'il s'agît d'enquêter sur les plus hauts niveaux de la science et de la technologie américaines ou sur les politiques sociales en Europe.

Au total, cette intégration longue, prudente et finalement puissante de la Chine dans le monde suscite des réflexions contrastées. On remarque d'abord le caractère contrôlé, stratégique, voire même nationaliste, de ce processus. Celui-ci n'a pas été engendré par une conversion subite à la grandeur du monde dominé par l'Occident, mais poussé par une conviction progressive que ce monde était le seul possible et qu'au demeurant il se révélerait profitable. Les dirigeants chinois n'ont jamais perdu de vue le point de départ tragique de l'évolution chinoise moderne : les humiliations subies et les échecs accumulés depuis les guerres de l'opium. Et ils n'ont jamais cessé de s'appuyer sur les convictions les plus cyniques des élites et les attitudes populaires les plus xénophobes. Interrogez les

Occidentaux installés à Pékin qui vivent les yeux ouverts : ils vous raconteront les négociations manipulées, l'espionnage de leur vie privée, et les scènes de racket qu'un accident dans les rues de Pékin suscite à leur encontre. Le « patriotisme » instillé par l'éducation primaire et entretenu par la propagande est trop insistant pour ne pas être volontaire. La Chine entend d'abord profiter du monde. Elle entend aussi y retrouver son aura ancienne.

A peine ces inquiétudes exprimées, il faut pourtant en limiter l'intensité. Sur des points souvent plus importants, l'ouverture au monde est allée jusqu'à un niveau à l'origine imprévu et même inimaginable. Au plan économique, bien sûr : le commerce extérieur de la Chine s'est immensément développé depuis 1979, et sa part dans le PIB – 60 % ! – est devenue essentielle ; or, la moitié des exportations chinoises sont réalisées par les filiales des entreprises étrrangères installées en Chine.

Un temps on a pu craindre que le monde dans lequel la Chine venait d'entrer ne fût à ses yeux qu'un immense marché et une réserve de ressources. Se comportant comme une sorte de passager clandestin de la mondialisation, Pékin s'exonérerait de toute obligation, de toute réciprocité. De fait, les méfiances et les intérêts stratégiques ont longtemps fait obstacle à l'adoption des grandes règles internationales. Mais, à mesure que la Chine y trouvait ses avantages, elle a ingéré les grands principes humanitaires affichés par les puissances occidentales et les organisations de l'ONU. Depuis plusieurs années, la diplomatie chinoise évolue dans un sens de plus en plus « participatif » : elle entretient désormais plus de deux mille Casques bleus, et les politiques mercantiles qu'elle avait à l'origine adoptées sur les affaires du Darfour et de Birmanie se nuancent de plus en plus. Elle collabore même à des opérations d'aide au développement. Encore emprunteuse à l'Association internationale d'aide au développement jusqu'en 1999, elle a participé en décembre 2007 à une aide de 41,6 milliards de dollars aux pays les plus pauvres, sous l'égide de la Banque mondiale[3] ! Le monde est désormais pour les élites chinoises un espace à connaître, à habiter et donc à défendre : après s'être assuré que les Occidentaux en paieraient le coût principal, Pékin s'est donc joint à la plupart des campagnes internationales pour la protection de l'environnement. La société chinoise suit ses élites à la découverte de ce monde qu'on lui avait si longtemps interdit. Le tourisme chinois a cessé de se limiter à quelques places proches comme Hong Kong, la Thaïlande ou Singapour. Il se répand en Europe, par petits groupes pressés, comme il y a trente ans les Japonais. Au premier semestre 2007, seize millions de Chinois se sont rendus à l'étranger – et ce n'est qu'un début[4].

Enfin s'esquisse dans le pays un phénomène difficilement croyable : une sorte de victoire idéologique de l'Occident. Cela peut surprendre à une heure où l'on célèbre (ou dénonce) les succès de Pékin, où la classe dirigeante chinoise s'affirme solidement amarrée au régime et où la colère gronde dans les *hutong* dès que la fierté nationale paraît insultée quelque part. Et pourtant, la dualité du régime et de sa couche dirigeante autorise à la fois la persistance du nationalisme ou de la xénophobie et l'assimilation au moins temporaire par la même couche dirigeante des valeurs de la mondialisation à l'occidentale.

Les Chinois ont-ils voulu trop bien faire ? Ou sont-ils totalement sincères ? Ou les deux à la fois ? Il semble que les élites sociales et une part notable des citadins aient assimilé – à leur manière – les trois grands credo que l'Occident s'efforce de faire passer pour légitimes tout autour de la planète : la mondialisation est fondamentalement bonne (à la condition qu'elle profite à la Chine) ; la gouvernance doit être libérale dans l'économie et démocratique dans la politique (à condition que la Chine la pratique à sa manière) ; la liberté individuelle et le confort moderne sont des facteurs décisifs du bonheur.

Sans doute y a-t-il loin des intentions à la réalité dans un pays encore pauvre, où les habitudes de violence ne se sont pas dissipées, et dont le régime entend le plus longtemps possible conserver ses monopoles et poursuivre ses prédations – et pour cela ne recule devant aucun artifice de discours. Mais il faut reconnaître que la victoire au moins sémantique remportée par la vulgate occidentale sur la fameuse « culture chinoise », que tant de soi-disant experts du « dialogue interculturel » estiment invincible, est spectaculaire. Pour ne prendre qu'un exemple, c'est un directeur adjoint du plus important centre de recherche du Comité central du PCC, Yu Keping, qui publiait en 2006 un ouvrage intitulé carrément *La démocratie est une bonne chose*[5]. Pour oser se lancer ainsi dans le verbiage démocratique, il possédait des protections. Le Livre blanc officiel sur la démocratie publié à l'automne 2005, ne fixait-il pas à la Chine l'objectif d'une « démocratie politique et sociale » ? Plus tard, en mars 2007, Wen Jiabao déclarait sans frémir que « le socialisme, la démocratie et le gouvernement par la loi ne sont pas exclusifs[6] ».

Bien entendu, ce discours est en partie une sorte de salut poli et malin du vice à la vertu. Mais il ternit le prétendu succès d'un régime qui, à la différence du cousin soviétique, aurait surmonté la supériorité du capitalisme en jouant au capitalisme tout en *étant* communiste. La vérité, est au contraire que s'il prospère, c'est parce qu'il a admis de se défaire en partie de son idéologie et de ses espoirs propres pour endosser les frusques de la mondialisation : parce qu'il n'a d'avenir, il le sait, que dans le compromis et par le bricolage.

L'entrée de la Chine dans le monde paraît donc s'être traduite par une sorte de processus d'assimilation réciproque : la Chine a assimilé le monde et s'est préparée à en profiter ; mais en même temps le monde a assimilé la Chine jusqu'à un point qui était imprévisible il y a quelques décennies. Ce processus éclaire l'évolution intérieure qu'il a également influencée. Car, de la même façon que les membres de l'élite dirigeante chinoise ont assimilé la nouvelle grammaire de l'économie capitaliste et mondialisée, de la même manière celle-ci les a partiellement assimilés.

Dans un contexte global de paix et de croissance économique, ce processus constitue un facteur de stabilité, de paix et de progrès. La Chine a cessé d'être un facteur de trouble dans l'ordre mondial, et le monde est devenu une ressource décisive de sa croissance.

Un statut mondial brillant mais fragile

L'efficacité de la politique d'ouverture est incontestable. Non seulement elle a beaucoup contribué à la croissance économique et donc à la stabilisation du régime, mais elle a obtenu des résultats diplomatiques surdimensionnés. En effet, la Chine figure aujourd'hui parmi les grands de la planète alors que son économie reste en large part sous-développée, son niveau de vie globalement faible, et que son armée pèse peu par rapport aux dispositifs américain et russe.

Au-delà de l'habileté de ses dirigeants, ce statut exceptionnellement brillant est dû au fait qu'après un siècle et demie d'aléas extérieurs, ce pays a bénéficié de circonstances très favorables. En effet, il a beaucoup profité de l'antisoviétisme, puis des naïvetés et des oscillations de la politique américaine, que la menace terroriste contraint aujourd'hui à une moindre attention à l'Extrême-Orient, et donc à une moindre sévérité à l'égard de Pékin. En outre, aussi inquiétant qu'il ait pu être pour les dirigeants chinois, l'effondrement de l'Union soviétique les a servis en supprimant une menace stratégique et en leur ouvrant l'Asie centrale. Les faiblesses et les divisions de l'Union européenne leur ont offert un espace de manœuvre dont ils ont su tirer un parti brillant en matière commerciale et technologique. Enfin, la conjoncture asiatique leur était favorable. Les deux autres puissances régionales ne pouvaient pas rivaliser avec Pékin : le Japon hyperdéveloppé parce qu'il demeure limité diplomatiquement, et l'Inde démocratique parce qu'elle ne possède pas encore un poids économique et stratégique suffisant. De plus, la péninsule coréenne était encalminée dans la division et l'Asie du Sud-Est s'est remise lentement de la crise asiatique. Si bien que la Chine figure aujourd'hui en haut de la hiérarchie des puissances mondiales, certes très loin derrière les Etats-Unis, mais au niveau de l'Union européenne et de la Russie. De cette position très avantageuse, sa diplomatie sait user en cachant habilement les hésitations et les divisions que suscite dans ses rangs l'abandon progressif de la ligne opportuniste du passé en faveur d'une politique plus responsable.

Pourtant, le statut mondial de la Chine demeure à plusieurs égards fragile. Tout d'abord, on l'a dit, l'influence mondiale de ce pays dépend beaucoup de la naïveté et de la faiblesse de ses concurrents, lesquelles ne seront pas éternelles. D'ores et déjà, Pékin se trouve en conflit ouvert avec ses principaux partenaires sur trois grands sujets : sa politique commerciale agressive et son refus d'augmenter très rapidement la valeur du yuan ; sa politique en matière de droits de l'homme ; et son désastre environnemental qui menace l'écologie de la planète. C'est une première fragilité, particulièrement importante pour la croissance chinoise.

Mais la principale faiblesse de la position chinoise est intérieure. Elle tient au caractère récent de l'ouverture, qui alimente les débats internes et les à-coups. Ainsi la politique japonaise de Pékin peine à trouver son équilibre, à cause des passions qu'elle réveille dans l'opinion et des divergences au plus haut niveau. La position envers les Etats-Unis est presque aussi fragile, mais pour des raisons en partie différentes : entre une admiration sans nuances pour le modèle américain et une méfiance définitive à l'égard de la première puissance du monde, il existe une contradiction que seul le temps permettra d'apaiser. Mais le facteur principal de fragilité est la situation économique. D'autant que l'économie pèse sur la politique étrangère : elle la contraint à protéger ses approvisionnements en matières premières, mais lui fournit aussi des arguments de plus en plus puissants, en multipliant sans cesse l'attractivité du marché chinois et l'influence commerciale et financière du pays. Une crise ou un marasme d'origine économique réduiraient de beaucoup ces avantages et, au pire, rejetteraient la Chine à un rang inférieur, ce qui ne manquerait pas, à rebours, de faire peser un doute sur la politique d'ouverture.

3

Grandeur et fragilités de la croissance

Quand Jeffrey Sachs applaudit la croissance chinoise – Ce que la croissance a vraiment changé – « Le gros, là-bas, dans la piscine » – Les gaspillages de la croissance – Les quatre épées de Damoclès

Quand Jeffrey Sachs applaudit la croissance chinoise

« La Chine est la plus belle réussite de développement que le monde ait jamais connue[1]. » Cette formule est comme l'oriflamme d'une *doxa* très répandue, selon laquelle la croissance chinoise est d'ores et déjà un fait extraordinaire, en outre, elle est durable et donc destine la Chine au tout premier rôle...

L'argument s'appuie d'abord sur les performances de l'économie chinoise depuis près de trois décennies. En accumulant des progressions annuelles d'environ 9 % par an depuis 1980, celle-ci est parvenue, dans un pays infiniment plus grand et plus peuplé – là est le point le plus important –, à un résultat un peu meilleur que celui du Japon de la haute époque, et franchement supérieur à celui de la Corée du Sud ensuite : un premier doublement du PNB par habitant de 1978 à 1986 et un second entre 1987 et 1996 ;

ledit PNB, calculé en parité de pouvoir d'achat, atteignait le troisième rang mondial en 2007 et une part de 16 % environ de la production mondiale, contre environ 20 % pour l'Union européenne et les Etats-Unis et un peu moins pour le reste de l'Asie.

Cette croissance a entraîné la modernisation de l'économie. Celle-ci réserve une part très majoritaire à l'industrie et aux services et son niveau technique ne cesse de s'élever, à partir d'emprunts multiformes aux technologies étrangères : la Chine produit des automobiles et va mettre en service dès 2009 son premier avion de ligne[2]. La croissance a également rendu possible une hausse du revenu moyen par personne jusqu'à près de 1 000 dollars par habitant, qui a conduit 400 millions de Chinois hors de la pauvreté. Elle a au moins doublé – de 20 à 45 % environ – la part de la population urbaine, laquelle, d'après le PNUD, pourrait atteindre 70-80 % dès 2035-2040. Elle a transformé la participation de la Chine à l'économie mondiale : le pays effectue 12 % des échanges mondiaux, alors que son commerce extérieur dépasse certains mois celui des Etats-Unis. Première importatrice de bois, la Chine consomme aujourd'hui la moitié du ciment mondial et provoque une hausse continue du cours du plomb – entre autres[3] !

Elle est donc devenue un acteur majeur du marché mondial, grâce aux surplus commerciaux – record historique : 30 milliards de dollars en septembre 2007 et 262 milliards de dollars pour l'année – qu'elle rafle sur les marchés occidentaux, et d'abord aux Etats-Unis et en Europe. Ses réserves de change ont dépassé celles du Japon en février 2006 et atteint 1 520 milliards de dollars à la fin de 2007[4] !

Cette économie est relativement concentrée, puisque cent soixante entreprises contrôlent 60 % du PNB[5] Certaines d'entre elles, peu nombreuses certes, et longtemps chouchoutées par le pouvoir, se sont imposées dans le champ mondial – telles TCL (télévisions), Huawei (télécommunications) ou Lenovo (ordinateurs). Plusieurs marchés mondiaux ont été littéralement écrasés par les exportations chinoises : par exemple ceux du jouet, de la chaussure ou du four à micro-ondes[6].

Mais le plus impressionnant est ce qui est supposé à venir. Pour la plupart des observateurs, la croissance chinoise devrait continuer à un rythme soutenu pendant un laps de temps substantiel, ce qui transformerait l'émergence de ce pays en un véritable séisme et transporterait en Extrême-Orient le cœur de l'économie mondiale. Ce pari à la fois optimiste et catastrophique est justifié par tout ou partie des arguments suivants : la Chine dispose d'une immense population qui lui fournit à la fois une « armée de réserve » constituée par la main-d'œuvre migrante à bon marché et un énorme marché potentiel ; elle dispose d'une élite de haut niveau capable d'assimiler les technologies évoluées reçues d'Occident, voire de les renouveler grâce à une recherche-développement qui progresse très vite ; son économie est encadrée par un régime politique stable et pilotée par des dirigeants compétents ; elle bénéficie de l'environnement dynamique de l'Asie orientale ; et elle reçoit un apport régulier d'investissements occidentaux.

A ces arguments rationnels s'en mêle souvent un autre qui l'est moins, mais qui n'est pas le moins important dans l'esprit de certains : cette économie figure un anti-Occident. De même qu'il y a quarante ans la « pensée Mao Zedong » paraissait préfigurer la chute d'un Occident corrompu, le succès d'une économie chinoise à bas prix de revient paraît signifier aux yeux de certains la revanche du travail et de la discipline sur un Occident protégé et paresseux...

Ce que la croissance a vraiment changé

Avant d'énoncer de sérieux doutes sur ces prévisions, je voudrais retenir ce qu'il y a de vrai dans la formule de Jeffrey Sachs.

Ce n'est certes pas le superlatif : il ne me paraît pas possible de définir comme « la plus belle réussite que le monde ait jamais connue » une entreprise de développement qui n'est pas achevée. Et ce n'est pas non plus le concept de « développement », qui en dit trop ou pas assez suivant le sens qu'on lui attribue : celui de « croissance » paraît plus approprié pour désigner une progression encore indéfinie dans sa nature comme dans son avenir. C'est plutôt la justification de l'importancc de l'événement par la « connaissance » qu'en ont eue ses acteurs et ses partenaires extérieurs.

Aussi incomplets que soient les effets de la croissance sur le niveau de vie de la grande majorité des Chinois, celle-ci n'a pas seulement transformé leur condition matérielle, elle a plus profondément commencé à transformer leur rapport avec le pouvoir. Le communisme n'avait libéré les individus de leurs chaînes que pour les asservir plus durement encore. La croissance économique leur a conféré une valeur économique et une liberté privée que beaucoup perçoivent comme une sorte de propédeutique à la citoyenneté. S'il n'est pas sûr qu'elle conduise le régime à une démocratisation rapide, il est en revanche certain qu'elle favorise l'érosion de l'arbitraire et rend de plus en plus nécessaire la construction d'un Etat moderne.

Tout aussi important est le fait que la croissance chinoise ait engagé le monde à développer avec la Chine des rapports de substance, et donc à la mieux connaître. La

Chine fait désormais partie, non plus de *son* monde, ou d'*un* monde, mais *du* monde. Cela signifie que l'hostilité devient moins probable, la coopération de plus en plus possible. Et cela permet surtout d'espérer que désormais les événements chinois se dérouleront sous le regard du monde, que les autres sociétés les jugeront et éventuellement interviendront. D'ores et déjà, les dirigeants occidentaux n'hésitent pas à faire savoir aux autorités de Pékin ce qu'ils pensent de leurs différentes politiques, puisque celles-ci les affectent.

Cette nouvelle situation donne lieu à deux conséquences. La première est que la Chine sait désormais que nous la regardons, et que, pour cette raison, elle a intérêt à nous communiquer une image convenable d'elle-même. Cela se voit bien sûr dans la préparation des Jeux olympiques : la ville de Pékin offre des cours d'anglais gratuits aux chauffeurs de taxi, exige que ses habitants renoncent aux crachats et aux ventres nus, et, pour diminuer la pollution, s'apprête tout bonnement à interdire durant les Jeux tout ou partie de la circulation automobile...

Depuis déjà plusieurs années, les dirigeants chinois s'inquiètent de ce qui, chez eux, ne fait « pas convenable » aux yeux de l'étranger : prisons dans les centres-villes, salaires misérables ou impayés, contrefaçon, concussion et dessous-de-table, évictions forcées d'habitants etc. Dans un premier temps, ils ont essayé de masquer ces vilaines taches, en vain, car l'entrée dans le marché mondial implique nécessairement l'arrivée massive de la presse étrangère. Alors, depuis les années 2004-2005 a commencé une deuxième opération qui consiste à les réduire, d'abord dans les grandes villes, puis progressivement dans le reste du pays. Ainsi les taudis ont-ils été expulsés des centres-villes, puis les prostituées, et bientôt viendra le tour des petites coiffeuses qui attendent discrètement le chaland dans leur échoppe... Devant le scandale provoqué par certains produits d'exportation dangereux, notamment des jouets, le gouvernement chinois a rendu publique une liste noire des quatre cent vingt-neuf entreprises qui ont violé la législation en vigueur à l'export, et supprimé la licence d'exportation de plus de sept cents compagnies[7]. Nul ne sait jusqu'où ira ce ralliement tardif à la « convenance mondiale ». On attend avec un intérêt tout particulier ce qu'il va advenir de la contrefaçon chinoise – qui alimente les deux tiers des saisies pratiquées par les douaniers européens ! Mais un processus est incontestablement en cours.

En échange, il est probable que le monde se montrerait moins passif si de nouvelles tragédies survenaient en Chine. Les autorités de Pékin ne pourraient plus refuser l'aide internationale comme elles l'ont fait lors du tremblement de terre de Tientsin, qui avait causé au moins un demi-million de morts en juillet 1976 : c'est un de leurs crimes les plus scandaleux, car des milliers, peut-être des dizaines de milliers de personnes auraient pu être sauvées. Si d'éventuelles famines surgissaient, on imagine mal qu'elles puissent durer quatre ans comme en 1958-1962, avant que ses partenaires étrangers n'adressent à la Chine assistance, conseils et mises en demeure. Les épidémies de Sida et de Sras se seraient propagées moins rapidement.

En d'autres termes, à défaut de garantir le meilleur et d'apporter des assurances contre le pire, le nouveau rapport de la Chine au monde rend probable une plus grande convenance intérieure et une meilleure assistance – ou vigilance – extérieure. Le pire ne serait pas empêché, mais limité par le public mondial.

« Le gros, là-bas, dans la piscine »

Poursuivons. Si l'on examine d'un œil froid les résultats économiques obtenus, on s'aperçoit vite que beaucoup les exagèrent et négligent leur coût ou leur fragilité.

S'ils sont considérables, ces résultats ne deviennent faramineux qu'à cause de deux illusions d'optique. La première est que l'on oublie trop souvent que la Chine comprend plus d'un milliard trois cent millions d'habitants : plus de quinze fois la population de l'Allemagne, qu'elle vient seulement de dépasser dans la hiérarchie économique mondiale. Ainsi ignore-t-on que près de la moitié de la population chinoise vit avec moins de 8 dollars par jour, que son revenu moyen est trente fois inférieur à celui des Français, et que l'indice du développement humain classe la Chine au... quatre-vingt-dix-neuvième rang mondial[8] !

Seconde illusion, nombre d'Occidentaux se figurent que l'économie chinoise est tout entière à l'image de sa partie la plus dynamique, qui est aussi la plus visible : le commerce extérieur, qui a porté des coups durs à des secteurs industriels européens déjà mal en point, comme le textile ou la chaussure. Mais beaucoup ignorent que la majorité des usines chinoises et la quasi-totalité des petites usines locales sont dans un état de sous-développement technologique. Au début de 2007, on voyait encore de simples triporteurs circuler entre les avions sur l'aéroport de Shanghai ! La Chine reste un pays globalement pauvre, et même plus que pauvre sur la plus grande partie de son territoire : en 2004, seules quatre provinces côtières dépassaient le revenu moyen de 1 000 euros par personne et par an[9]. Des poches de misère subsistent parmi les chômeurs et la population âgée des villes, et plus encore dans les campagnes des provinces les plus reculées et les moins favorisées par la nature : Shanxi, Gansu, Ningxia, Sichuan, Guizhou, Guangxi.

En d'autres termes, la croissance enregistrée par ce pays depuis trente ans n'a pas été suffisante pour le faire sortir tout entier du sous-développement. Seule une étroite minorité de Chinois a atteint le niveau de vie des Européens. La plupart en sont bien loin et n'ont donc pas les moyens de se procurer biens culturels et moyens d'information. Ajoutons que nombre d'entre eux sont encore traités comme des esclaves, en particulier dans les entreprises qui achètent de la main-d'œuvre venue de la campagne et l'installent dans de véritables camps de travail privés. Ceux-là cumulent toutes les pauvretés.

Finalement, la Chine est à l'image de ce gros adolescent dont l'arrivée dans le petit bain d'une piscine fait le scandale des usagers. Comme il est beaucoup plus grand et gros que les autres et qu'il remue beaucoup d'air, il fait peur – pourtant, il ne connaît encore que les rudiments de la natation.

Les gaspillages de la croissance

Abordons maintenant une deuxième critique à l'égard du mode de croissance de la Chine : il a déjà coûté, il coûte encore très cher au pays. On l'a dit plus haut, le pouvoir, les membres du Parti et la population sont impatients, les premiers par calcul et ambition politiques, les seconds par esprit de lucre, la troisième par manque de confiance : le choix a donc été fait d'une croissance très rapide, au détriment des précautions écologiques ou des acquisitions technologiques qui auraient été nécessaires. Ainsi s'expliquent les coûts considérables de la croissance chinoise.

Et d'abord, les gaspillages. La Chine utilise sept fois plus d'énergie que le Japon pour produire une unité de PIB, et en consomme 10 % de plus chaque année depuis 2001. L'objectif avait été fixé pour 2006 de réduire de 4 % la consommation d'énergie : il n'a pas été atteint. En outre, l'économie chinoise dévore 40 % du ciment, 31 % du charbon et 27 % de l'acier mondiaux. Les mines de charbon sont exploitées sans précaution, si bien que les incendies souterrains consument chaque année 200 millions de tonnes : presque quatre fois la production charbonnière annuelle de la France à son apogée[10] ! Malgré des augmentations de prix récentes, l'eau est trois fois moins chère que la moyenne mondiale, ce qui en favorise le gâchis et en accroît le manque, en particulier dans la moitié des villes : la disponibilité en eau par personne est réduite au quart de la moyenne mondiale. Dans la grande plaine du Nord, le niveau de la nappe phréatique baisse d'un mètre par an, et certains prévoient qu'il faudra un jour réduire, voire abandonner l'agriculture pour continuer de fournir les villes et les industries[11].

Quant à la pollution de l'environnement, les faits se résument dans un classement catastrophique : la Chine était classée en 2006 quatre-vingt-quatorzième sur cent trente-trois pays suivant l'indice de performance environnementale. Classement d'ailleurs inexact car, si l'on tient compte de l'espace affecté et de la quantité des victimes, elle doit être placée bien plus bas encore. Le problème vient principalement d'une exploitation industrielle effrénée, dénuée de toute précaution, et secondairement de modes de chauffage (au charbon !) et d'équipement également inconsidérés – par exemple l'isolation et l'aération très insuffisantes de l'habitat dans des climats souvent très froids l'hiver et étouffants l'été. Seize des vingt villes les plus polluées du monde sont chinoises, et le spectacle que certaines d'entre elles donnent (par exemple Chongqing ou Lanzhou, dans leurs cuvettes) est proprement hallucinant. Le tiers des cours d'eau sont gravement souillés, 190 millions de personnes souffrent d'affections dues à la consommation d'une eau insalubre et 400 000 en meurent chaque année. J'ai vu de mes propres yeux des vallées entières souillées par une usine, leurs villages peuplés de débiles. On estime que les émissions chinoises de dioxyde de carbone devraient dépasser en 2009 celles des Etats-Unis, en bonne partie car la Chine tire encore 60 % de son électricité de centrales à charbon. D'ores et déjà, la pollution industrielle coûte au pays de 8 à 12 % de son PIB.

Couplée à une urbanisation désordonnée, la négligence de l'environnement aggrave des maux plus globaux. Ainsi, la région de Canton est menacée par la montée des eaux due au réchauffement climatique. D'autres sont anciens : par exemple, les deux tiers de la couverture herbeuse sont érodés, et le désert gagne 2 500 km^2 par an[12]. Le Pékin que j'ai connu dans les années 2002-2007 m'a rappelé un séjour à Tokyo au début des années 1970, avec ces journées sans nuages mais sans soleil, et les odeurs industrielles que l'on finit par reconnaître comme de vieilles compagnes...

En un sens, l'évocation du Japon pourrait rendre optimiste, car aujourd'hui l'air de Tokyo est plus propre que celui de Paris, mais au prix d'un énorme effort public. Cet effort, les autorités chinoises l'ont tout juste commencé, en profitant du scandale causé par l'empoisonnement des eaux du fleuve Songhua (au nord-est), à l'automne 2005. Au fil des ans, elles ont signé plus de trente conventions et traités concernant la protection de l'environnement et des ressources naturelles. Elles ont dégagé un budget de

175 milliards de dollars pour cinq ans. L'objectif est d'obtenir en 2010 une augmentation de 20 % de l'efficacité de l'énergie et une réduction de 10 % de la pollution[13]. Le symbole de ce revirement stratégique a été la reconnaissance officielle, par son directeur, des risques écologiques engendrés par l'immense barrage des Trois-Gorges, qui était le grand projet du règne de Jiang Zemin...

Progressivement, les médias se sont emparés de la cause écologique, qui est populaire dans l'opinion. Des initiatives spectaculaires ont été prises, comme le premier jour sans automobiles organisé en septembre 2007 – malheureusement un samedi, et fort peu respecté. Mais les autorités locales continuent dans la plupart des cas à pousser aveuglément la production industrielle : si elles ont acquis une conscience plus claire qu'auparavant en matière d'environnement, elles ne se saisissent concrètement du problème qu'à partir d'un certain niveau de développement[14]. Pan Yue, le brillant vice-président de la Commission de protection de l'environnement, déclarait récemment que « les grosses industries polluantes sont protégées par les gouvernements locaux », et une enquête parmi cinq cent vingt-neuf entreprises situées le long de cours d'eau révélait que 44 % d'entre elles violaient les lois[15].

Enfin, je cite pour mémoire un dernier type de gaspillage bien connu : cet ensemble flou de clientélisme, de corruption et de malversations dont le coût représenterait de 3 à 6 % du PIB chinois[16]. A la vérité, ce phénomène incontestable fait l'objet d'exagérations et de simplifications. On exagère son ampleur en Chine, en oubliant qu'il se retrouve dans bien d'autres pays en voie de développement très rapide – nos pays d'Europe l'ont eux-mêmes connu à l'époque de leur démarrage industriel. Et on le simplifie en lui donnant une définition culturelle (le fameux système chinois des *guanxi*, c'est-à-dire des « relations »), alors qu'il désigne souvent la prédation d'une classe sociale ou répond à la nécessité d'échapper à une réglementation retardataire. S'il coûte aujourd'hui cher à l'économie chinoise, il l'a servie dans une phase de transition délicate, quand il s'agissait d'engager le pays, et en particulier son parti dirigeant, dans un nouveau type d'économie : la corruption a été le prix à payer pour faire basculer l'encadrement communiste dans la nouvelle époque, ce qui a fait toute la différence avec la transition ratée en Union soviétique.

Mais il est évident que pour compléter son intégration au monde et régulariser le fonctionnement de son économie, la Chine devra supprimer au moins les scandales les plus visibles et les plus importants – car ce sont eux qui démoralisent la population et alimentent son mépris pour ses dirigeants. Par exemple, ces sociétés d'autoroute qui se font attribuer gratuitement de vastes terrains puis commencent par en vendre des lopins à des prix exorbitants[17]. Ou ces entreprises de construction qui usent main-d'œuvre et matériel jusqu'à la casse : c'est ainsi que durant l'automne 2007 une lycéenne française de Pékin a été écrasée par l'effondrement d'une grue.

Les quatre épées de Damoclès

« L'agriculture est à la fois la base et le maillon faible de l'économie chinoise », estime l'économiste François Gipouloux[18]. Son problème principal est une insuffisante rentabilité qui la met en difficulté face aux importations de l'étranger autorisées par l'entrée dans l'OMC. En outre, 30 à 40 % de la main-d'œuvre agricole sont plus ou moins improductifs. Les autorités abordent la question sous un angle social, en promettant des diminutions de charges que les autorités locales appliquent rarement – car les échelons provinciaux, dont l'agriculture dépend désormais, se préoccupent surtout de développement industriel. La suppression des interventions de l'Etat dans la production et la commercialisation de la plupart des produits agricoles ne semble pas avoir eu d'effet dynamique. En fait, le cœur du problème est politique : aussi longtemps que Pékin ne supprimera pas l'affectation administrative de la terre, la propriété de la terre demeurera morcelée, la paysannerie, privée de prêts bancaires, et l'agriculture, à l'écart de l'économie moderne[19].

Le secteur industriel d'Etat continue aussi à poser des problèmes graves en dépit de la purge qu'il a subie au cours des années 1990. Malgré un effort de concentration autour de quelques entreprises pilotes, de nombreuses entreprises sont d'une rentabilité douteuse. Les sociétés d'Etat en situation de risque financier ont tout bonnement été exclues du champ d'application de la loi sur la banqueroute qui est entrée en application en juin 2007[20]. En fait, ces sociétés sont si nécessaires à l'emploi et si protégées par les autorités provinciales que les banques (qui appartiennent pour la plupart au secteur public) les maintiennent en vie artificiellement, au détriment du secteur privé (qu'elles ne soutiennent pas) et de leur propre équilibre financier. Ces prêts « entre camarades » impossibles à rembourser renouvellent sans cesse une plaie apparue dans les années 1990 : l'extrême fragilité d'un système bancaire perclus de mauvaises dettes, malgré les efforts de structures dites de « défaisance » qui auraient déjà injecté 450 milliards de dollars ! En dépit des règlements récents imposant l'accord du gouvernement central pour tout nouveau prêt, les mauvaises dettes atteindraient encore entre

20 et 40 % du PIB... Il n'est donc pas exagéré de dire que le système bancaire chinois est en état de faillite virtuelle[21].

Le système boursier, à la vérité, ne vaut guère mieux. Bourré d'archaïsmes et de bizarreries – les deux tiers des actions des sociétés cotées ne sont pas négociables –, il a évolué de façon étrange et exagérée : au plus bas depuis 2001, puis vers les sommets après la réforme de 2005, si bien qu'une bulle spéculative s'est formée. De façon très significative, les bruits sur des interventions gouvernementales ont provoqué divers mouvements inquiétants au printemps 2007 : le monde boursier ne porte pas vraiment les autorités politiques dans son cœur[22]. Mais l'inflation survenue l'été suivant a aggravé le problème car, en dépassant la rémunération des dépôts bancaires, elle a attiré des dizaines de millions de Chinois vers les Bourses ! L'index de celle de Shanghai a plus que triplé depuis 2005 et, dès le 9 mai 2007, la valeur des actions échangées dans les Bourses chinoises a dépassé celle des actions échangées dans les autres Bourses asiatiques – y compris japonaises. Par la suite, ces valeurs n'ont cessé de monter jusqu'à des sommets totalement artificiels, qui font craindre le pire aux analystes financiers[23]. Qu'adviendra-t-il de cette fièvre ? Quels seront les effets de la crise boursière mondiale qui s'est dessinée en janvier 2008 ? Personne ne le sait, mais désormais les milieux financiers internationaux sont alertés.

Ces failles bancaires et boursières rendent plus dangereuses les autres fragilités qui tiennent à l'influence de la conjoncture internationale sur l'économie chinoise. Celle-ci est aujourd'hui telle que le pays ne résisterait peut-être pas à une crise comparable à celle qui a frappé toute l'Asie en 1997. L'économie chinoise, autrefois si fermée, est désormais plus ouverte – sa principale protection étant que le yuan demeure non convertible. Elle est même dépendante. Une première dépendance concerne les matières premières, et en particulier les minerais (la Chine réalise plus du tiers des importations mondiales) et le pétrole – Pékin doit importer 40 % de sa consommation[24]. Jusqu'à présent, elle a plutôt bien manœuvré dans ce domaine, notamment par une puissante offensive africaine qui renouvelait ses approvisionnements traditionnels. Mais les prix ne cessent de monter, alors que la Chine vit de sa compétitivité. Dans les ruelles de Pékin et de Shanghai, chacun s'interroge : que deviendrons-nous quand le prix du baril de pétrole aura dépassé les deux cents dollars ?

Une deuxième série de dépendances de court terme tiennent aux excédents commerciaux sur les marchés occidentaux, en particulier sur le marché américain. Face aux protestations de Washington, les autorités de Pékin en ont réduit la part de 31 % à 22,7 % en 2006[25]. Mais c'est encore trop pour leurs partenaires. Et c'est surtout trop aux yeux de ses dirigeants, qui suivent de près la conjoncture mondiale et qui craignent depuis longtemps les effets d'une dégradation de la situation économique américaine. Ils savent en particulier qu'une réduction annuelle de la croissance américaine de 1 % produirait une réduction de 0,5 % de la croissance chinoise[26]. Or, c'est bien cette crainte qui était en train de se réaliser dans l'hiver 2007-2008...

Et c'est justement **d'un** accident dans le cadre américain que les responsables chinois craignaient un enchaînement dangereux qu'aggraverait la fragilité de leurs banques. Ils ont donc eu le temps de se préparer. De plus, l'Etat chinois a les moyens d'une puissante politique de relance. Il est encore vrai qu'une fuite massive de capitaux serait freinée par l'inconvertibilité du yuan. Vrai enfin que le pays a accumulé des réserves colossales... Le pire n'est pas certain, mais il n'est pas impossible. L'économie est à la fois ce qui fonde la nouvelle stabilité et ce qui la menace. Elle est le triomphe du régime et ce qui le met en danger.

LIVRE II

L'ÉPREUVE DE VÉRITÉ

4

Explication

L'universelle augmentation des coûts – La tragédie de la santé – Un nouveau défi – Reprendre le contrôle de la croissance – L'affrontement des deux lignes – Le prix de la montée en gamme – Le cas de l'éducation et de la recherche – Que va-t-il advenir du taux de croissance chinois ? – L'échec n'est pas écrit d'avance

L'incursion que je vais risquer dans l'économie chinoise s'inspirera de mon expérience de piéton des ruelles de Pékin, les *hutong*. Celle-ci m'a permis pendant cinq ans de compléter ou nuancer les analyses économiques qui circulaient à l'époque car elle m'a fourni une perception plus concrète des facteurs humains qui commandent la croissance chinoise.

Ces facteurs ne sont pas des constantes culturelles, mais des traits du « moment chinois » contemporain. Leur importance vient en particulier de ce qu'ils contribuent puissamment à expliquer, d'une part, une hausse pratiquement universelle des coûts de production, mais aussi, d'autre part, l'émergence d'un nouveau défi plus coûteux encore auquel les autorités entendent répondre, et qui implique un changement de politique économique.

L'universelle augmentation des coûts

On tend souvent à croire en Occident que la croissance chinoise bénéficie en quelque sorte par définition de coûts très bas – ce n'est plus complètement exact, et surtout ce le sera de moins en moins.

Ainsi, la Chine est relativement mal dotée dans le domaine des matières premières. Pour produire son énergie, elle dispose de charbon en abondance. Ce qui était autrefois un avantage est aujourd'hui sa malchance, tant est dangereuse la pollution qu'il entraîne. Il faudrait réduire son rôle, mais l'hydraulique et le nucléaire (qui produisent 3 % de l'énergie) ne suffisent pas. La Chine a donc recours au pétrole, trop peu abondant dans le sous-sol chinois, et importe près de la moitié de sa consommation, alors que les prix mondiaux ne cessent d'augmenter. Pour autant, il suffit que se produise un hiver plus froid, comme celui de 2007-2008, pour que l'électricité vienne à manquer, dans une atmosphère de fin du monde[1]. Il faudra donc importer plus encore pour constituer des réserves ! Des tensions comparables se produisent pour de nombreux autres minerais, dont la consommation massive fait grimper les cours mondiaux. Et l'économie chinoise dévore plus de 100 millions de mètres cubes de bois par an[2].

L'approvisionnement en matières premières est l'un des plus graves soucis des responsables chinois. Il faut en effet sans cesse trouver de nouvelles sources d'approvisionnement, si possible éloignées de la pétaudière moyen-orientale : depuis 2004, l'Afrique est devenue cœur de cible. Mais il faut entretenir l'amitié de ces nouveaux fournisseurs, et garantir les approvisionnements futurs. Ainsi apprenait-on au printemps 2007 que la Chine avait l'intention de fournir 20 milliards de dollars à l'Afrique dans les trois années suivantes pour financer ses infrastructures et son commerce[3]. Sans parler des coûts politiques quand il faut protéger à l'ONU les dictatures meurtrières du Soudan et de la Birmanie[4].

Du moins la faiblesse des coûts de main-d'œuvre était-elle jusqu'à une période récente considérée comme l'immense avantage de l'économie chinoise. Mais cette période va vers sa fin. On l'ignore souvent en Occident, les salaires chinois augmentent rapidement, et même de plus en plus rapidement. Les autorités locales freinent souvent ce phénomène, alors que le gouvernement de Pékin l'approuve prudemment et fait également adopter une législation du travail de plus en plus protectrice dont l'effet sera coûteux quand elle sera mieux appliquée. En cela, elles obéissent à des motifs non seulement sociaux mais économiques. Il s'agit en effet pour elles d'augmenter le rôle de la consommation et d'inciter l'économie à monter en gamme.

Les statistiques fiables manquent, car il faut éviter de décourager les investisseurs. Je me souviens en tout cas que lorsque je suis arrivé à Pékin au printemps 2002, le salaire moyen y était officiellement de 700 et quelques yuan, et quand j'en suis parti cinq ans plus tard il atteignait officiellement près de 1 400 yuan – durant cette période, la montée des prix était restée réduite. Ce souvenir est corroboré par diverses sources qui évaluent entre 14 et 20 % par an les hausses salariales dans la période récente[5]. Elles sont confirmées par les analystes japonais qui estiment, avec quelque exagération, que la main-d'œuvre est deux fois plus chère sur les côtes du Fujian et du Guangdong qu'au Vietnam – où des entreprises chinoises auraient été délocalisées[6]. Des sources bancaires estiment que la Chine est le pays d'Asie qui a connu la plus forte hausse des salaires en 2007 : 16,7 % contre 16 % à l'Inde[7]. De fait, les coûts salariaux varient beaucoup suivant les endroits : ils sont plus élevés dans les zones développées, et beaucoup moins dans les provinces de l'intérieur.

En outre, la situation de la main-d'œuvre migrante est en train de changer. Les économistes ont eu longtemps raison de voir en elle l'« armée de réserve » de l'économie chinoise. En effet, c'est cette main-d'œuvre – environ 150 millions de travailleurs aujourd'hui – qui, durant de longues années, a assuré par son faible coût l'attrait des ateliers chinois. Pendant longtemps, on a cru que, à cause de l'énorme réserve de migrants ruraux – encore plusieurs centaines de millions de travailleurs... –, le coût de cette main-d'œuvre augmenterait peu, ou pas[8]. Et pourtant, l'évolution semble s'être nettement accélérée depuis le gigantesque boycott des usines du Guangdong et du Fujian en 2004-2006, qui n'est d'ailleurs pas achevé : il manque environ 2 millions d'ouvriers dans le delta de la rivière des Perles, où les entreprises étrangères se plaignent de devoir payer 1 600 yuan soit 160 euros mensuels par employé (y compris la nourriture, le logement et l'assurance[9]). Les informations disponibles font voir là aussi des hausses salariales annuelles de 15 à 20 % depuis 2005 – et plus qu'un doublement en cinq ans sur un chantier de construction pékinois. Les salaires se rapprochent parfois de ceux des travailleurs réguliers et au Guangdong, les migrants commencent à négocier leurs conditions de travail[10]. Comme la politique des autorités centrales favorise l'instauration de salaires minimums dans les provinces – 780 yuan ou 78 euros par mois au Guangdong, soit une augmentation de 14 % en décembre 2006[11] – et qu'elle pousse aussi à la signature de contrats protégés et à la normalisation des conditions de travail, on peut penser que cette évolution va se poursuivre dans les années à venir, voire s'accélérer.

La hausse des coûts salariaux répond à des causes fondamentales qui ne cesseront pas d'agir dans les années à venir – même si les salaires chinois demeureront comparativement réduits. La première est qu'en Chine, dans le moment présent, les travailleurs chinois sont aussi avides et rétifs en matière de revenus que le reste de la population. La seconde est que les cloisonnements de l'espace chinois font apparaître de fréquentes tensions sur le marché de l'emploi. Ce facteur sera relayé, dans quelques années, par l'effet du contrôle des naissances sur la pyramide des âges, qui va réduire le nombre des nouveaux arrivants sur le marché du travail : la Chine, nous y reviendrons, va devenir un pays âgé avant d'être un pays développé.

Cette hausse des coûts de la main-d'œuvre ordinaire est de mieux en mieux connue depuis 2006, et fait désormais l'objet de rapports dans la grande presse occidentale, y compris dans la presse régionale française[12]. Les témoins y ajoutent souvent d'autres coûts connexes : les salaires presque occidentaux des techniciens supérieurs, ingénieurs et comptables, la volatilité de la main-d'œuvre qualifiée, les complications et les coûts de l'installation en Chine, l'augmentation des prix de l'immobilier, l'inflation des prix de consommation... En un mot, la Chine devient chère aux yeux des entreprises qui se tournaient vers elle exclusivement pour ses très bas prix. Les prix des biens exportés aux Etats-Unis en 2007 auraient augmenté de 2,4 %, et cela commence à se savoir. L'enquête réalisée par Capgemini indique que cette nouvelle perception renforce l'attraction de destinations concurrentes comme le Vietnam, le Cambodge, et surtout l'Inde[13].

Une deuxième série de coûts dépendent plus directement de la politique officielle : ce sont les coûts des équipements sociaux et culturels, qui devraient atteindre des sommes énormes. En effet, jusqu'à présent, ces équipements ont été très souvent simplement oubliés des programmes de construction de nouveaux ensembles, comme si l'on estimait que les individus et les collectivités locales se débrouilleraient ensuite. Ainsi, les responsables d'une délégation d'agences immobilières françaises me disaient au printemps 2006 leur stupéfaction devant les programmes « tout nus » qu'ils avaient visités : pas de jardins, pas d'écoles, pas de grands magasins, pas de dispensaires, pas de cinémas... Sans doute le secteur privé et l'économie informelle ont-ils par la suite comblé une partie des manques, notamment en matière de commerces et de restauration. Et les organes locaux du pouvoir s'efforcent de stimuler les initiatives en vue de former des « quartiers civilisés », et de mettre en place des espaces verts. Mais cela ne suffit pas. Et, contrairement à ce que l'on croit de loin, la fameuse « différence » sociale chinoise n'a pas suffi à tout car, à la périphérie des grandes villes, des phénomènes de désocialisation se produisent d'ores et déjà : vols, bagarres, pneus crevés, animaux de compagnie empoisonnés etc. C'est cette situation qui pousse les autorités à agir, et cela leur coûtera cher.

En outre, à l'autre bout de l'espace chinois, dans les campagnes les plus reculées, tout ou presque est à faire : construire des routes en dur, viables par tous les temps, équiper les cours d'eau, reboiser de toute urgence les zones érodées, aménager les bourgs et les villages, construire un minimum d'équipements publics, par exemple des dispensaires, rebâtir les écoles... Tous les problèmes se posent en même temps, et d'abord celui du financement. Jusqu'à présent, les autorités locales croyaient pouvoir le résoudre par des péages ou la constitution de « zones de développement » pour des entreprises privées. Cela ne suffira évidemment pas et les autorités locales se tourneront inéluctablement vers les autorités provinciales, lesquelles, jusqu'à présent, se sont concentrées sur les grandes opérations les plus fructueuses.

Une troisième catégorie de coûts est celle des politiques sociales. Il s'agit probablement du chantier majeur de l'équipe Hu Jintao-Wen Jiabao. C'est sur son action dans ce domaine que celle-ci sera en large part jugée. Cette politique a ses justifications économiques, car elle pourrait jouer un rôle essentiel dans la nécessaire relance de la consommation intérieure. Mais elle répond surtout, dans le présent, à une puissante aspiration populaire à la protection sociale qui succède à l'aspiration à la suffisance des années 1980 – probablement l'attente principale de la population chinoise à l'égard de ses responsables. Une attente ô combien compréhensible ! Les paysans subissent durement les aléas économiques, et plus de la moitié d'entre eux n'ont aucun moyen d'assurer des dépenses de santé. En cas d'accident, beaucoup ne peuvent rien. Les autres paient autant qu'ils le peuvent puis renoncent : on connaît ainsi le cas d'une famille de migrants qui, après avoir dépensé toutes ses réserves financières pour soigner la mère atteinte d'hémorragie cérébrale, la transporta encore vivante au crématorium local[14]... Depuis l'effondrement des unités de travail, la réduction du secteur d'Etat et la généralisation des contrats de travail précaires, la population urbaine est en majorité – 57 % d'après l'Académie des sciences sociales de Shanghai[15] – dépourvue de toute protection. Il lui faut donc parer à tous les accidents de la vie.

C'est comme toujours dans les villes que les efforts publics se sont d'abord portés – les citadins bénéficient de 80 % des ressources de la protection sociale... Dans un premier temps, à partir du milieu des années 1990, les autorités ont commencé à s'occuper du problème le plus urgent, celui du chômage, par une institutionnalisation progressive et très diversifiée de la catégorie des *xiagang* (mot à mot « ceux qui sont descendus de leur poste »), qui donnait droit à des aides et des attaches à l'entreprise[16]. Ce système, dont les avantages ont varié suivant l'intensité de l'agitation sociale dans les différentes localités, est souvent remplacé depuis le début des années 2000 par des aides financières ou la fourniture d'un certain nombre d'années de cotisations sociales.

La volonté de détourner un danger est également très visible dans le traitement de la grande pauvreté apparue avec le chômage de masse : il y avait 50 millions de « très pauvres » en 1998[17]. Pour la partie urbaine de cette nouvelle catégorie a été créé un minimum vital, le *dibao*, dont les noms des bénéficiaires – 20,5 millions en 2003[18] – sont affichés dans chaque quartier, afin que chacun puisse participer à la surveillance de leur pauvreté...

Mais c'est évidemment une action de long terme sur les assurances maladie et retraite que l'opinion attend : 70 % des Chinois sont inquiets pour leurs retraites[19]. Le nombre des bénéficiaires de l'ancien système des unités de travail diminuant sans cesse, les autorités ont progressivement mis en place des systèmes d'assurance, d'abord à titre expérimental. Mais la nouvelle formule d'assurance maladie ne couvrait en 2005 que 76 millions d'employés urbains. En outre, le nouveau système de retraite mis en place est composé à 80 % d'épargne capitalisée – et donc ne fournit le plus souvent que de faibles sommes aux retraités. Au total, 30 % de la population chinoise de plus de soixante ans bénéficierait d'une forme ou d'une autre de retraite, mais 10 % seulement d'une assurance maladie[20].

Pour être juste, il faut reconnaître que le régime chinois a cette fois-ci ouvert la voie à la réalisation de véritables politiques sociales, avec une incontestable recherche de l'efficacité. Mais les efforts déjà consentis paraissent très insuffisants à une population rendue exigeante par l'augmentation rapide de son niveau de vie et les informations dont elle dispose sur les pays voisins. Il faudra faire vite et plus. Les dépenses nécessaires seront donc en toute hypothèse colossales.

Et elles risquent de le devenir de plus en plus dans le futur à cause des mutations démographiques qui s'annoncent. En effet, la population chinoise va vieillir très rapidement. Cette tendance est l'effet inéluctable de la vigoureuse politique de contrôle des naissances adoptée à partir du début des années 1970 : les générations nées dans les années 1950-1960 ne seront pas complètement remplacées. Les plus de soixante ans vont augmenter jusqu'en 2020 cinq fois plus vite que l'ensemble de la population, et en 2050 le ratio des travailleurs par rapport aux retraités devrait passer de 5 pour 1 à... 2 pour 1. D'ores et déjà, les grandes villes chinoises donnent l'impression de vieillir avant d'être vraiment développées : à Shanghai, la proportion des plus de soixante ans devrait passer de 20 % aujourd'hui à 33 % en 2020[21]... En d'autres termes, de plus en plus de Chinois auront besoin d'assurances alors que de moins en moins de jeunes travailleurs participeront à la production de richesses.

La tragédie de la santé

Ces réformes impliquent une tâche urgente et essentielle : la construction d'un véritable système de santé sans lequel les politiques sociales perdront tout sens. Dans l'état actuel des choses, la situation dans ce domaine est la honte d'une Chine qui se dit encore populaire. Elle est aussi une des principales raisons de l'excès d'épargne qui gêne la naissance d'un véritable marché de consommation. Tout d'abord, en amont, à cause du nombre des affections causées par la stagnation ou parfois le déclin de l'hygiène publique. Quelques chiffres : pour 320 millions de fumeurs, 1,2 million meurent chaque année des suites de cette addiction ; 130 millions de Chinois sont porteurs du virus de l'hépatite B, dont 300 000 meurent chaque année ; 200 millions souffrent de maladies liées à leurs conditions de travail ; 4,44 millions sont tuberculeux et de 1,5 à 2 millions souffrent du Sida, dont une bonne partie à cause de trafics organisés par des autorités locales[22]...

En outre, les hôpitaux censés soigner ces affections manquent à la plupart de leurs devoirs. D'abord, parce que, de moins en moins soutenus par les budgets publics (la part de l'Etat dans les dépenses de santé est tombée de 32 % en 1978 à 18 % en 2005[23]), ils sont devenus plus rares là où la population est le plus nombreuse, c'est-à-dire dans les campagnes, où le nombre des lits a diminué de 16 % depuis 1982. Contraints de rechercher d'abord le profit, ils vivent essentiellement de la vente de médicaments souvent frelatés, ou en exagérant le nombre des examens qu'ils imposent à leurs patients. Toute la Chine résonne d'anecdotes sur des patientes venues pour une infection pulmonaire auxquelles on a imposé des examens gynécologiques, ou sur des césariennes parfaitement inutiles, et sur l'abus des antibiotiques qui finit par provoquer de terribles épidémies virales. L'auteur de ces lignes a la sienne : venu consulter pour des douleurs pulmonaires, il s'est vu informer en janvier 2004 d'un très probable... cancer qui, vérification faite en France, s'avéra imaginaire.

En outre, les hôpitaux sont si chers que la plupart des clients venus de la campagne abrègent leur séjour. Les riches eux-mêmes n'ont pas toujours confiance dans l'efficacité des « enveloppes rouges » qu'ils donnent aux médecins : depuis quelques années, Hong Kong est assiégée par des Chinoises de la classe privilégiée qui estiment plus prudent d'accoucher dans l'ancienne colonie[24].

Le résultat de cet ensemble d'irresponsabilités et de malhonnêtetés est scandaleux. Les gens de peu s'en remettent à des poudres de perlimpinpin et autres médicaments prétendus « chinois » qui vous laissent mourir un cancéreux en quelques semaines[25]. Pendant le SRAS, la télévision officielle diffusait des publicités en faveur de crèmes qui promettaient une protection « éternelle ». Au total, le nombre des Chinois ayant accès à la santé publique aurait diminué de 71 % en 1981 à 21 % en 1993. Alors que le niveau de vie s'est immensément élevé depuis trois décennies, l'espérance de vie n'a augmenté jusqu'en 2005 que de trois ans et demi, soit deux fois moins que dans la même période à Hong Kong, Singapour et en Corée du Sud, où le point de départ était plus élevé[26].

Un nouveau défi

La réforme du système de santé n'est pas seulement nécessaire aux politiques sociales que les autorités chinoises devront réaliser. Elle est essentielle à un deuxième défi, plus coûteux encore, qui contribue de façon décisive à définir le moment chinois contemporain. Ce défi va bien au-delà de l'entreprise déjà difficile qui consiste pour les autorités de Pékin à maintenir à flot à la fois le vaisseau de l'économie chinoise et leur propre régime. Il vise à porter leur pays au plus haut, ou plus exactement au meilleur niveau.

Bernard Debré, grand urologue et ancien ministre du gouvernement français, qui coopère régulièrement avec un hôpital de Shanghai, m'a un jour résumé le problème ainsi : « Ils ont quelques excellents hôpitaux mais ils ne deviendront vraiment modernes que lorsqu'ils construiront un véritable système de santé. » Eh bien, le deuxième défi que les autorités chinoises entendent relever désormais est précisément celui de la modernité, c'est-à-dire de la réalisation progressive d'une parité avec les nations les plus développées et les plus civilisées.

Pour comprendre la genèse de ce défi, il faut revenir au Deng Xiaoping des années 1978-1979. Celui-ci savait ce qu'il ne voulait pas : abandonner les principes d'organisation léninistes ou revenir au délire et à la misère maoïstes. Il savait où aller dans le court terme : déclencher une véritable croissance économique. Mais, au-delà, il ne savait que vaguement où diriger la Chine, et ne le déchiffrait que peu à peu, prudemment, tant était neuve et dangereuse sa démarche. En gros, il penchait pour regarder du côté des pays d'Occident, mais sans perdre de vue les possibilités d'absorption du régime et les réactions des uns et des autres dans son sein. Il le disait joliment : « pour traverser la rivière, il faut marcher sur les pierres »...

En un sens, malgré et à cause de cette aptitude à supporter l'incertitude, c'est une première épreuve de vérité qui a été victorieusement subie durant les années 1979-1997. Le régime a su quitter graduellement la rive du maoïsme. Deuxièmement, il a dans l'ensemble su définir « les pierres » sur lesquelles s'appuyer : pour l'essentiel, la croissance économique et la confiance du Parti. Et troisièmement, il est allé assez loin dans la rivière, jusqu'à placer la Chine dans le courant de la mondialisation qu'animent les pays capitalistes.

Mais justement, le chemin accompli a fait apparaître une série de questions qui constituent un nouveau défi : celui de la modernité, c'est-à-dire du plus haut niveau. La première de ces questions, la plus urgente, est celle de la compétitivité, c'est-à-dire de la modernité économique : il ne s'agit plus seulement d'obtenir de la croissance, mais de l'obtenir dans les secteurs les plus créateurs de profit – et pour cela de pousser tous les inputs : coopération scientifique et technique, espionnage et achats de technologie, retour des diplômés partis aux USA, constitution d'un potentiel de recherche propre.

La deuxième question est celle de la modernité sociale. Les dirigeants chinois ont compris qu'il n'y pas d'économie moderne sans société également moderne et que, comme ils le disent avec un paternalisme d'ingénieurs des âmes, il faut élever la « qualité » de la population chinoise pour construire une « société harmonieuse ». Santé, sport, culture, éthique collective et surtout politiques publiques deviennent dès lors des ressorts décisifs.

Enfin, la troisième question, politique, est celle de l'Etat moderne, qui est, comme l'a écrit Yves Chevrier, le fil d'Ariane de l'histoire chinoise depuis les guerres de l'opium. Depuis peu, la question a évolué. D'abord, parce que la solution totalitaire a été éliminée par la catastrophe maoïste. Ensuite, parce que l'idée s'impose désormais qu'un pouvoir trouve une large part de son autorité dans l'exercice de responsabilités nouvelles parmi lesquelles figurent désormais la justice sociale et une légalité plus rigoureuse. Comment ces nouvelles responsabilités trouvent-elles place dans le dogme ? Cela n'est pas très clair et la propagande s'en tire avec des expressions ambiguës. Mais une série d'émissions télévisées sur « l'essor des grandes puissances », diffusées au début de 2007 avec l'aval des plus hautes autorités, concluaient sur le rôle décisif joué par « la primauté de la loi et de l'Etat ». En un mot, une sorte de débat implicite étend à des contenus de plus en plus nobles les responsabilités de l'Etat-Parti.

Reprendre le contrôle de la croissance

La politique des « quatre modernisations » autrefois décidée par Deng Xiaoping s'est donc transformée en une politique de construction de la modernité. L'objectif se détaille dans des exigences à la fois concrètes et urgentes : mettre fin aux gaspillages engendrés par le tout à l'exportation, stimuler la naissance d'un marché intérieur et faire monter en gamme l'économie grâce à un effort d'élévation technique et d'harmonisation sociale. Mais la condition de réalisation de cette nouvelle politique est le rétablissement du contrôle central sur la croissance et surtout la réduction de son rythme.

En effet, le rythme effréné suivi depuis l'entrée à l'OMC s'appuie sur une priorité à l'exportation et sur un taux d'investissement dramatiquement élevé – plus de 40 % du PIB – qui sont, on l'a vu, la cause de nombreux gaspillages, limitent la consommation intérieure et soumettent l'économie à de graves risques extérieurs. Les économistes chinois et étrangers sont donc d'accord sur le diagnostic : si l'économie chinoise continue de galoper à ce rythme, elle risque d'aller tôt ou tard dans le mur. Jiang Zemin avait été retenu d'agir par l'affairisme de ses soutiens shanghaïens. Mais Hu Jintao et Wen Jiabao, eux, sonnent rituellement l'alarme depuis que Jiang a perdu son dernier poste de direction au printemps 2004. Le 8 décembre 2006, commentant une « réunion centrale sur le travail économique », le *Nouveau Journal de Pékin* titrait : « L'an prochain, il sera d'abord demandé à l'économie de faire mieux, et ensuite de faire moins vite. » Depuis, les appels se sont multipliés à réduire le taux de croissance, surtout dans les domaines les plus consommateurs de matières premières.

Mais tous ces appels ont eu un résultat difficilement croyable : non seulement le taux de croissance n'a pas diminué, mais il a augmenté, passant de 10,7 % en 2006 à 11,4 % en 2007 – ce qui signifie des chiffres beaucoup plus importants dans les régions côtières[27]. Que s'est-il passé ? Oui, que s'est-il passé qui rendait le pouvoir chinois soudain aussi impotent ? Quelque chose de très simple : il n'avait pas les moyens d'imposer sa politique. En effet, précisément parce qu'elle visait juste, celle-ci rassemblait contre elle une puissante coalition d'intérêts qui comprenait l'ensemble des pouvoirs provinciaux, eux-mêmes poussés par leurs échelons subordonnés, ainsi que par les milieux d'affaires chinois et étrangers.

Comment s'en étonner ? Le Centre n'exige-t-il pas en tout premier lieu des responsables locaux qu'ils assurent le développement économique et le plein emploi ? N'a-t-il pas organisé la privatisation d'une large part de l'économie ? Et encouragé les investissements étrangers dans l'ensemble du pays ? N'a-t-il pas aussi fermé les yeux sur les liens de toutes sortes entre le monde économique et les directions politiques de tous niveaux ? Au reste, si les cadres locaux et provinciaux traînent les pieds devant les appels à la raison du Centre, c'est qu'ils connaissent bien leur « base ». Ils savent que la condition absolue de la fidélité des ploutocrates et de l'obéissance du grand public est le maintien d'une croissance très rapide. Ainsi se forme et circule dans l'appareil une rumeur qui dit aux responsables centraux quelque chose de simple : faites ce que vous voulez, mais ne touchez pas au rythme de croissance...

Or, parmi ceux-ci il en existe qui sont particulièrement disposés à écouter cette rumeur. D'abord les anciens collaborateurs de Jiang Zemin, qui demeurent extrêmement puissants au Bureau politique. Ensuite, nombre d'anciens responsables provinciaux qui ont accédé au Bureau politique. Hu Jintao lui-même a gouverné le Guizhou et le Tibet dans les années 1980, et ses deux successeurs possibles, Xi Jingping et Li Keqiang, viennent de quitter des responsabilités provinciales.

Ainsi, un débat qui dans un régime démocratique aurait suscité la formation de deux camps rivaux se développe à l'intérieur d'un même monopole et d'un même appareil politiques. Aussi longtemps que Hu Jintao ne contrôlait pas toutes les manettes du pouvoir, c'est-à-dire de 2004 à 2007, il a évolué d'une façon feutrée qui favorisait les tenants des avantages acquis. Du moins des campagnes d'opinion préparaient-elles les esprits. Les unes prenaient prétexte de scandales locaux : accidents miniers ou de pollution, corruption, débordements sexuels. Les autres étaient motivées par les mouvements de mécontentement à l'étranger, par exemple contre la mauvaise qualité des produits chinois. La situation a changé jusqu'à un point encore peu clair lorsque le XVIIe congrès du PCC, en octobre 2007, a entériné la ligne politique de Hu Jintao et lui a conféré plus de pouvoir, mais sans abattre les clans hostiles, avec lesquels il doit encore négocier.

L'affrontement des deux lignes

En fait, deux tendances s'affrontent de façon feutrée, l'une qui a exercé le pouvoir, et l'autre qui s'y trouve et voudrait l'exercer plus complètement. Il y a aussi un conflit de personnes. Hu Jintao est une personnalité à la fois plus froide et plus préoccupée des aspirations populaires que Jiang Zemin ; à l'inverse, Wen Jiabao n'a pas l'allure de haut fonctionnaire qui était celle de son prédécesseur Zhu Rongji, il verse parfois dans le style compassionnel[28]. Mais la différence entre les deux lignes s'explique aussi par la discontinuité entre deux périodes, celle de l'entrée dans la mondialisation et la suivante où, après la réussite, il s'agit de prendre soin des plus pauvres et d'affiner la croissance. A la période des Shanghaïens succède celle des hommes de Pékin, lesquels penchent pour un autre port plus proche et mieux contrôlable, Tianjin.

La première ligne, que suivent encore plus ou moins nettement nombre de directions provinciales, est celle-là même qui a régné jusqu'au début des années 2000. Mondialiste et affairiste, elle réserve une grande importance aux industries de main-d'œuvre destinées à l'exportation. C'est à elle que la Chine doit les triomphes récents de son économie ainsi que ses gaspillages et ses fragilités. Elle représente en quelque sorte le deuxième âge de l'économie chinoise post-maoïste.

En revanche, la ligne que Hu Jintao a esquissée depuis qu'il a contraint Jiang Zemin a se retirer de la scène en 2004 et dont il a imposé l'adoption en octobre 2007 est à la fois plus ambitieuse et plus difficile à mettre en pratique. Elle esquisse ce qui pourrait devenir un troisième âge. Il ne s'agit pas de développer l'engagement commercial dans le monde, mais de le maîtriser pour l'aiguiser. Il ne s'agit pas non plus de produire plus, mais de produire mieux pour frayer un chemin vers l'avant-garde technologique. Il n'est donc plus question d'accroître la puissance nouvelle du pays, mais de la rendre technologiquement, socialement et écologiquement durable.

De façon significative, cette ligne politique a émergé pour la première fois dans une affaire qui mettait en jeu la santé publique, à la faveur d'une erreur d'inattention majeure du clan Jiang Zemin, qui était encore puissant, à l'époque du SRAS, au printemps 2003, erreur qui a motivé un sérieux remaniement de la direction municipale de Pékin, que Jiang contrôlait auparavant. En 2004, après que Jiang Zemin eut quitté au printemps la présidence de la Commission des affaires militaires du Comité central, les premiers appels au « refroidissement » de l'économie ont été entendus. Cette ligne s'est ensuite manifestée durant l'automne 2004 par une reprise en main idéologique, qui était à la fois une façon de réconforter les conservateurs du régime et une manière de montrer que le pays ne doit pas épuiser sa vitalité dans son rapport au monde et à l'Occident. Et, à partir de l'automne 2005, à la faveur du scandale de la pollution du fleuve Songhua, la nouvelle ligne s'est pleinement déployée en prônant l'éradication de la pollution, la prise en compte des difficultés du peuple, le gouvernement par la loi, les politiques sociales, des équipements collectifs, des transports publics... et en assénant des critiques répétées contre les écarts de tous ordres des échelons locaux du Parti-Etat. Désormais, les cadres provinciaux et locaux ne sont plus jugés sur leur seule capacité à développer la production et attirer des investissements étrangers, mais aussi sur de nouveaux critères : réduction des inégalités, protection de l'environnement, stabilité politique, aptitude à pratiquer les principes de la démocratie et les règles de la légalité[29]. La nouvelle ligne est donc à la fois plus « moderne » et plus sensible aux aspirations populaires, en tout cas telles qu'elles sont exprimées par la population urbaine. Dans ce sens, une certaine filiation existe avec la formation maoïste que le jeune Hu Jintao a reçue quand il était, au début des années 1960, un membre d'avant-garde de la Ligue des Jeunesses communistes à l'université Qinghua.

Cette nouvelle ligne politique exhale aussi un parfum nationaliste. Depuis quelque temps, des mesures sont prises pour contraindre les sociétés étrangères à appliquer plus strictement les règles que leur fixent les autorités chinoises : ainsi Wal-Mart a-t-elle été contrainte d'accepter la formation de syndicats (officiels bien entendu) dans ses soixante magasins chinois[30]. Les avantages fiscaux dont elles disposaient ont été supprimés, et l'on limite plus strictement les secteurs dans lesquels elles ont le droit de s'implanter. Les contrôles ont été renforcés sur les résidents étrangers, et en novembre 2007, la police pékinoise a transformé en rafle anti-africaine une opération de répression de la drogue.

Si l'on prend moins de précautions avec l'étranger, c'est parce qu'on le juge suffisamment arrimé à l'économie chinoise, mais c'est aussi parce que le Centre donne désormais la priorité à la modernisation intérieure, considérée au sens large. Là est le fond de la nouvelle politique et l'on aurait tort de négliger son ambition. Dans les grandes villes, les bibliothèques se multiplient. Celle de Pékin, flambant neuve, immense et moderne, est un véritable centre culturel, avec vidéothèque, projections de cinéma et conférences – je me souviens qu'elle proposait au printemps 2006 une conférence destinée aux femmes qui veulent « maîtriser leur corps »...

L'ambition de Hu Jintao et de Wen Jiabao est donc élevée. Il s'agit de construire une économie de haut niveau dont la puissance serait basée non plus seulement sur la faiblesse des coûts de production et sur des exportations de produits bas de gamme mais sur un haut niveau de technologie, un marché intérieur vigoureux et l'exportation de produits à forte valeur ajoutée – c'est-à-dire sur une modernité sociale, culturelle et technologique. Il s'agit donc de rejoindre dans les plus brefs délais la voie qu'ont déjà empruntée les économies japonaise et coréenne.

Ce n'est pas tout. Ce que les autres régimes communistes ont échoué à réaliser, et dont il s'était montré incapable en 1989, celui de Pékin entend désormais le réussir : survivre non plus par la répression, mais par la captation des avantages économiques, sociaux et culturels de l'ennemi démocratique. En Chine, ce ne serait pas la démocratie qui se nourrirait des apports du socialisme, mais le communisme qui se conforterait grâce aux apports des démocraties modernes... Pas de doute : nous sommes en présence de la tentative la plus convaincante de faire durer un régime communiste en le réconciliant avec les règles des sociétés les plus modernes.

Le prix de la montée en gamme

En admettant qu'elle soit appliquée, la nouvelle ligne politique a pourtant un défaut : celui d'augmenter encore la hausse déjà prévisible de tous les coûts. Un excellent exemple est la formation d'une main-d'œuvre plus qualifiée. Celle-ci est évidemment indispensable car « faute de main-d'œuvre qualifiée, la Chine risque de n'être, aux yeux des investisseurs étrangers, qu'une plate-forme délocalisée de montage[31] ». En 2006, par exemple, elle avait besoin de 300 000 comptables, mais n'en possédait que 69 000. Elle manquait également de juristes et d'ingénieurs de bon niveau, ainsi que de cadres intellectuellement et linguistiquement internationalisés. Elle devra également former 2 200 pilotes d'avion par an dans la décennie qui vient[32].

Il faudra aussi que les cadres chinois assimilent plus et mieux les techniques étrangères. Des progrès incontestables et souvent brillants ont été accomplis, certes. Ils se traduisent souvent par une véritable explosion de la contrefaçon industrielle, par exemple en matière d'automobiles : toutes les marques occidentales ont été copiées plus ou moins directement et les résultats de ces croisements commencent à être exportés. Le train allemand à grande vitesse est également à l'étude. Quant à l'Airbus, il se dit en Chine qu'un de ceux qui ont été achetés est en voie de désossement. Le proverbe shanghaïen n'est-il pas que « nous pouvons tout copier sauf ta mère » ?

Les excès chinois en la matière suscitent dans le monde une émotion légitime. Mais ils ne doivent pas cacher la situation réelle, qu'Erik Iszraelewicz définit avec justesse : « Le high tech chinois n'est ni high, ni chinois[33]. » D'une part, le niveau technologique d'ensemble reste bas. Ensuite, la copie est elle-même un signe évident de retard : car pendant que les Chinois s'évertuent à copier, la recherche occidentale va de l'avant...

Le cas de l'éducation et de la recherche

Sans doute cette situation est-elle provisoire : dans le principe, il n'y a pas de raison que la Chine échoue là où le Japon a réussi. Mais il lui faudra payer le même prix que le Japon pour moderniser son système d'éducation et de recherche. Celui de Pékin ne reçoit aujourd'hui que 3 % du budget de l'Etat. A sa base, il a été affaibli par la dévolution de l'éducation aux autorités locales, qui sont souvent écrasées de dettes : la qualité de l'enseignement a donc baissé, et l'absentéisme scolaire est devenu un fléau dans les campagnes, notamment pour les élèves de sexe féminin. Le nombre des illettrés a augmenté de 86 à 116 millions entre 2000 et 2005 : un comble[34] ! L'enseignement secondaire est extraordinairement inégal, d'autant que les écoles privées se sont multipliées.

Quant au système universitaire, il a accompli d'énormes progrès par rapport au passé et reçoit aujourd'hui 24 millions d'étudiants. Une minorité d'universités d'élite reçoivent de l'Etat des sommes considérables et cherchent à progresser dans les classements internationaux. Mais, même dans ces universités, le problème est celui de la qualité. Non pas tant celle des étudiants, qui sont passés par une sélection très dure et travaillent sans compter, mais celle des professeurs, qui pratiquent une pédagogie inutilement autoritaire et n'ont souvent qu'une idée vague du niveau requis en Occident. Et plus encore d'une administration recrutée sur des critères politico-bureaucratiques et non professionnels. Et c'est l'inadéquation au marché : l'enseignement, pas toujours actualisé et peu pratique, ne valorise pas la mobilité, notamment internationale. Les étudiants le savent, et c'est pourquoi les meilleurs d'entre eux partent en Occident, ou, depuis peu, à Hong Kong et en Australie[35].

Quant au système de recherche, il a lui aussi accompli d'immenses progrès par rapport au passé, mais, sauf dans de rares secteurs, il ne peut être comparé à ses équivalents occidentaux. Les dépenses en recherche et développement ont augmenté de 0,6 % du PIB en 1995 à 1,5 % en 2005, et elles continuent à croître de 20 % par an. De quoi rendre optimiste, voire faire perdre toute mesure à certains enthousiastes. En outre, si les entreprises étrangères rivalisent de satisfaction à l'égard de leur centre de recherche et développement chinois – il en existait soixante-quinze en 2006, la plupart chargés, à dire vrai, d'adaptations techniques[36] –, mais combien ont recruté un chercheur chinois dans leur staff de recherche propre ? Le nombre de brevets déposés par des Chinois en dehors d'une coopération internationale reste faible. La partie fondamentale de la recherche est souvent négligée, et certains domaines essentiels demeurent très faibles. De plus, la recherche chinoise est connue pour ses nombreux scandales : la moitié des thèses sont copiées ou achetées, et la Chine, qui est au cinquième rang mondial pour leur nombre, n'atteint que le cent vingtième pour leur qualité... En outre, 70 % des entreprises n'ont tout simplement pas de département de recherche et développement[37].

Si donc les autorités chinoises veulent développer et moderniser les universités et la recherche, elle ne pourront plus se contenter, comme elles l'ont fait jusqu'à présent, de concentrer les crédits sur un petit nombre d'institutions d'élite et de laisser les autres hausser leurs droits de scolarité. Il faudra consolider l'ensemble du système d'éducation, améliorer la formation des professeurs et l'enseignement des langues étrangères, et encore diffuser les crédits et multiplier les contrôles de qualité dans l'ensemble du système universitaire et de recherche... Il faudra également améliorer la pédagogie et professionnaliser l'administration universitaire, moraliser le milieu de la recherche, favoriser systématiquement chez les étudiants les acquis méthodologiques et l'indépendance d'esprit, offrir de vraies carrières universitaires et valoriser l'innovation. Tout un programme ! Le coût d'une meilleure formation universitaire et d'une recherche plus innovante sera énorme, non seulement sur le plan financier, mais aussi sur le plan idéologique et politique.

Prenons l'exemple des étudiants les plus brillants. Pratiquement tous partent aux Etats-Unis car les universités y sont bien meilleures qu'en Chine et les diplômes américains, les plus prisés sur le marché chinois. Beaucoup d'entre eux restent sur place après le diplôme car ils y jouissent à la fois de hauts salaires et d'une totale liberté personnelle, académique et idéologique – en outre, le retour dans le milieu universitaire chinois paraît difficile à ceux qui ne disposent pas d'un bon réseau de relations familiales. De 1978 à 2006, sur un million de jeunes Chinois partis à l'étranger, seuls 275 000 sont revenus[38]. Mon sentiment est que jusqu'à présent, les universitaires qui ont répondu aux appels au retour des autorités de Pékin sont dans leur majorité en fin de carrière ou rappelés par leur famille, et c'est au contraire l'attraction pour les Etats-Unis qui progresse parmi ceux qui ont en principe opté pour une carrière « chinoise » – ce qui d'ailleurs n'est pas sans avantages. La conclusion est donc claire : la

Chine ne conservera ou ne fera revenir ses élites que lorsqu'elle en prendra les moyens financiers et politiques. Jusqu'à ce moment, le jugement sévère de Guy Sorman demeurera valide : « Il n'existe pas une marque, une innovation, un procédé significatif de qualité mondiale qui soient chinois[39]. »

Les billets d'entrée dans le monde

Une dernière catégorie de coûts sont induits par l'entrée de la Chine dans le monde. Pendant un certain temps, ce pays a réussi la performance extraordinaire d'y faire de premiers pas sans payer le moindre coût. Ses partenaires occidentaux étaient d'accord pour estimer qu'elle était ailleurs et venait de loin : pour le bien de la paix, il valait la peine de l'inviter gratuitement à leur table. De son côté, la direction chinoise acceptait volontiers ces bonnes manières qui lui épargnaient à la fois de l'argent et de pénibles débats internes : il serait toujours temps de se retirer plus tard. Volontairement ou non, habiles, les Occidentaux ont édifié de grands programmes de coopération qui accroissaient la séduction du monde. Bientôt, les Chinois ont compris qu'il y avait beaucoup à gagner dans un engagement commercial plus résolu. Mais il fallait cotiser. Alors, ils ont excipé de leur sous-développement puis de leur appartenance à la catégorie floue des « pays du tiers monde » pour obtenir des réductions. Mais ce n'étaient là que des expédients : pour recevoir un véritable statut, la Chine a dû finalement cotiser de toutes les façons possibles au monde tel qu'il est. Elle a payé son écot aux organisations multilatérales, multiplié les missions, mieux rémunéré ses diplomates, augmenté les bourses à l'intention de ses professeurs et étudiants, participé à diverses opérations humanitaires et finalement appliqué une part croissante de ses engagements. Elle a même, contre toute attente, respecté assez correctement les engagements d'ouverture commerciale qu'elle avait souscrits pour entrer à l'OMC – il est vrai qu'elle en retirait des avantages plus grands encore. Et la voici finalement qui découvre les délices – et les dépenses – du *soft power* en multipliant les instituts Confucius, qui doivent faire la publicité de la langue et de la culture chinoises !

Un autre exemple de billet d'entrée dans le monde est la hausse du yuan que réclament à cor et à cri les autorités américaines et européennes pour la raison que sa sous-évaluation dope inéquitablement les exportations chinoises. Les autorités de Pékin n'y sont pas par principe hostiles mais exigent que le réaménagement soit progressif : il faut par exemple éviter de provoquer l'effondrement des céréales chinoises face aux importations canadiennes et australiennes. Et de fait, la valeur de la monnaie chinoise face au dollar a augmenté de presque 10 % depuis 2003. Il est probable que Hu Jintao acceptera de laisser le yuan « glisser » plus avant, et cela pour deux raisons : pousser la montée en gamme de l'économie chinoise, mais aussi – l'argument est nouveau – pour répondre aux pressions que les autorités chinoises subissent de la part de leurs partenaires occidentaux. Encore un billet d'entrée acquitté pour un pays qui a longtemps bénéficié de la gratuité...

Que va-t-il advenir du taux de croissance chinois ?

Comment ne pas penser que tous ces coûts nouveaux exerceront un effet sur le taux de croissance ? J'ai enquêté à ce sujet parmi des spécialistes patentés de l'économie chinoise. Dans quelques cas, le pessimisme ou l'optimisme étaient extrêmes. Dans le camp pessimiste se trouve Diana Hochraich, l'un des rares experts qui aient vu venir la crise financière asiatique des années 1997-1998 : elle estime que l'économie chinoise avance trop vite, souffre de déficiences fondamentales et restera longtemps dans une situation de dépendance par rapport aux centres vitaux de la mondialisation[40]. Dans le camp optimiste, les responsables de la Mission économique française à Pékin m'ont exposé avec talent que les coûts de production et les charges supportés par l'économie chinoise n'étaient que l'une des variables de la croissance économique chinoise. Ils ont mis en évidence les futurs progrès dans l'efficacité du travail et estimé qu'en cas de difficulté la Chine pourrait utiliser l'énorme « caisse noire » que constituent ses réserves financières.

Une majorité des autres experts, tout en estimant que l'économie chinoise doit autant que possible réduire son rythme de croissance, demeuraient modérément optimistes : ils pensaient, soit, telle Françoise Lemoine, qu'elle pourrait stabiliser sa croissance aux alentours de 7 %, soit, comme Daniel Haber, qu'elle reprendrait sa marche vers l'avant après des difficultés temporaires au lendemain des Jeux olympiques de 2008 ou de l'Exposition universelle de Shanghai de 2010. Ce dernier mettait en évidence deux facteurs positifs qui n'ont pas encore fait valoir leur importance, la formation d'un marché de consommation intérieure et l'internationalisation des grandes entreprises chinoises. Quant à lui, dans un ouvrage publié en 2006, François Gipouloux prévoit une croissance annuelle de 5 à 7 % jusqu'en 2010[41].

Les autorités chinoises, elles, escomptaient en 2006 une croissance de 7,5 % jusqu'à la même date – et, à la fin de 2007, 8 % pour 2008. La plupart des cabinets de conseil demeurent relativement optimistes, mais il faut noter que certaines agences de notation commencent à prévoir une baisse de rythme de la croissance chinoise. Ainsi, au début septembre 2007, Standard and Poor motivait son relatif pessimisme par le ralentissement de l'économie américaine. En janvier 2008, Goldman Sachs prévoyait encore 10 % pour l'année en cours en arguant que l'augmentation de la demande intérieure compenserait quelque peu la récession américaine[42]. Mais, à mesure que s'accumulaient les informations sur le ralentissement aux Etats-Unis et en Europe, les prévisions ont baissé, la Barclays par exemple évoquant 8,8 % et la Banque mondiale, 9,6 %. Il y a même eu un professeur d'économie de Harvard pour prévoir une « récession », c'est-à-dire une croissance inférieure à 6 %[43].

Bien entendu, comme me l'a déclaré avec humour une experte, « les économistes excellent surtout à prévoir le passé », en soulignant toute la difficulté qui s'attache à la prévision. Néanmoins, il existe des situations, en matière économique comme dans d'autres, où la raison peut prendre le risque de douter et d'esquisser des hypothèses divergentes.

Tel est à mon sens le cas aujourd'hui. Bien que je ne sois d'en aucune façon spécialiste, l'hypothèse de la poursuite durable d'un taux de croissance de l'ordre de 10 % ne me paraît pas sérieuse. Une correction à la baisse de la croissance chinoise est inévitable. Nul besoin, pour la prévoir, de citer les accidents par ailleurs possibles qui sont souvent évoqués : une crise américaine qui réduirait brutalement les débouchés des exportations chinoises ; un accident boursier, facilité par l'extrême surchauffe des Bourses chinoises et communiquant la fièvre au système bancaire ; ou un nouveau glissement dans l'inflation que le dérapage des produits alimentaires et une hausse moyenne des prix d'environ 6 % faisaient craindre depuis l'automne 2007[44]. De tels accidents sont imprévisibles mais contribuent à justifier la politique de réduction de la croissance des autorités. En toute hypothèse, il me paraît hors de doute que l'économie chinoise ne pourra pas maintenir son rythme de croissance pour deux raisons majeures : la première, que ses coûts vont en toute hypothèse s'alourdir rapidement ; et la deuxième, que les autorités elles-mêmes conduisent une politique résolue, qu'elles vont devoir très probablement durcir, qui devrait exercer au moins un effet de freinage.

En outre, plusieurs facteurs pourraient concourir au durcissement de ce freinage. Ainsi, il est fort possible qu'au lendemain des Jeux olympiques de 2008 et de l'Exposition universelle de Shanghai en 2010 l'économie chinoise subisse une sorte de ressac, dû par exemple à la diminution des chantiers de construction et d'autres grandes commandes publiques. De plus, certains facteurs internationaux pourraient accentuer le ralentissement : des marchés étrangers pourraient perdre en vigueur et en ouverture, comme le laissent craindre les relations commerciales plus difficiles avec les Etats-Unis ; en outre, au moment où il lui faudra investir pour entrer dans les secteurs de production de haute technologie, la Chine subira des concurrences nouvelles (par exemple celle du Vietnam et de l'Inde) dans les industries de main-d'œuvre.

L'échec n'est pas écrit d'avance

Pour autant, il m'est presque aussi difficile de faire confiance aux propos catastrophistes que l'on commence à entendre depuis le milieu de 2007. Je n'aime guère la façon quasi automatique dont d'anciens maoïstes devenus hostiles au régime de Pékin reportent avec allégresse sur l'économie des espoirs de catastrophe que la politique chinoise n'a pas réalisés. Et je crois qu'il faut écouter les arguments valables des diplomates et des hommes d'entreprise qui considèrent que la Chine reste un bon pari. Pour eux, un mouvement d'émancipation économique aussi puissant ne se brise pas d'un coup, et une crise momentanée ne serait pas forcément catastrophique. On a calculé l'effet que produirait sur l'économie chinoise un choc de même ampleur que celui subi par l'économie américaine entre 1929 et 1933 : une diminution de 27 % du PIB chinois, qui le ferait reculer de trois ans seulement[45]. Les dirigeants chinois auront des moyens de réagir face aux difficultés qui s'annoncent : réserves de change, marges fiscales et budgétaires, réserves de main-d'œuvre rurale, important espace de progression de l'efficacité du travail... Et c'est bien pourquoi l'économie chinoise possède des chances raisonnables de stabiliser son croît à un niveau plus que convenable.

Plus largement, on peut penser que la Chine est entrée dans un cycle nouveau. Pour la première fois depuis longtemps l'échec n'est plus fatal pour elle. Jusqu'à la fin des années 1990, j'étais plus pessimiste, comme nombre d'observateurs. Tout en notant l'ampleur des changements introduits par la politique de Deng Xiaoping, je doutais que les conjonctures mondiale et intérieure permettent à la

Chine de s'arracher au déclin commencé sous l'Empire et que le désastre communiste avait en fait confirmé. Je n'imaginais pas que l'Amérique veuille et puisse mettre le communisme chinois à genoux à la manière dont elle venait d'épuiser le soviétique : de ce point de vue, l'alignement avec elle décidé contre Moscou par Mao Zedong à la fin des années 1960 avait été un coup de génie salvateur. Et je doutais que la société chinoise, épuisée par des décennies de violence et écrasée par les campagnes de répression totalitaires, trouve en elle-même la force nécessaire à son émancipation.

Ce que je n'ai pas compris assez tôt, c'est que, pressé par le triomphe d'un capitalisme mondialisé, le régime chinois avait décidé de lui-même le changement. Peu importe que Deng Xiaoping ait ou non compris à l'avance dans quelle direction il avançait. Le fait est que, dans les conditions internationales de l'époque, sa stratégie de priorité à la croissance portait en elle deux « dévers » bienheureux. L'un faisait glisser le modèle économique chinois vers une sorte de mercantilisme encadré. L'autre ramenait tout simplement la Chine dans le monde. Les ultimes décisions prises par Deng Xiaoping en 1992 et l'interprétation qu'en fit dans les années suivantes l'équipe Jiang Zemin-Zhu Rongji ont consisté à assumer ces deux « dévers ». Quel que soit son souci de se démarquer, la nouvelle équipe Hu Jintao-Wen Jiabao se situe dans une continuité novatrice avec cette stratégie. Son programme incite à l'optimisme car, nous l'avons montré, il vise deux objectifs nécessaires : d'abord, la construction d'un Etat capable de s'imposer aux féodalités mafieuses ; ensuite, un engagement plus maîtrisé et plus qualitatif dans le monde global d'aujourd'hui.

Le pays est donc orienté par un projet rationnel, adapté à la conjoncture et qui renoue avec les grandes ambitions des réformateurs chinois depuis la fin du XIXe siècle. En outre, même si des doutes planent sur le futur proche, la conjoncture internationale demeure dans le présent globalement favorable : pas de menace militaire sur les frontières, une influence diplomatique en progrès, un accès aisé à tous les marchés et aux approvisionnements en matières premières... A l'extérieur comme à l'intérieur, la Chine bénéficie d'une situation plus favorable qu'à aucun moment depuis deux siècles. Tant mieux pour elle, car l'épreuve pourrait être rude.

5

L'accélération de l'histoire

L'épreuve de vérité pour le pouvoir – Faudra-t-il désormais souffrir sans espérer ? – La fin du contrat entre le régime et la population ? – La fin des « pigeons » – Indiscipline et propension aux extrêmes – Le retour de la politique – Une bien étrange démocratisation

L'épreuve de vérité pour le pouvoir

Ce qui s'annonce, donc, ce sont une réduction du taux de croissance ou un marasme, peut-être pire. Ils provoqueront une épreuve de vérité pour le pouvoir, dont la gravité variera naturellement en fonction de leur ampleur.

D'abord, parce que les difficultés nouvelles contraindront l'appareil et ses clients à contenir les appétits qu'ils n'ont cessé de développer – et de satisfaire – durant trois décennies. Les sacrifices frapperont sans nul doute bien plus le peuple, mais ils atteindront aussi les entrepreneurs, contraints de réduire leurs profits, et plus généralement les dizaines de millions de cadres. Sous Mao Zedong, leurs conditions de vie étaient en général spartiates – ce qui rendait le métier le plus pénible, c'était un pouvoir central exigeant, soupçonneux et aléatoire. Par la suite, sous Deng

Xiaoping, les cadres ont joui d'une véritable *bonanza.* En effet, alors que subsistaient les carrières de commandement classiques, de nouvelles opportunités s'offraient de « plonger dans la mer » des affaires. Cette période aura été pour les cadres communistes celle des « chevauchements » professionnels et sociaux, comme l'a bien montré Jean-Louis Rocca[1]. Alors, rien n'était exclu. La corruption étant à la fois nécessaire et universelle, le seul danger pour un cadre d'entreprise était que ses ennemis fussent assez influents pour le compromettre dans un scandale de corruption. En échange, les exigences de ces nouveaux métiers étaient en général restreintes, les cadres pouvant compenser par leurs relations politiques et leurs soutiens dans l'appareil bancaire leurs limites professionnelles, voire leur incompétence. C'est ainsi que les responsables des usines d'Etat ou des sociétés plus ou moins privatisées ont fait de belles carrières arrosées par des crédits bancaires qui devenaient rapidement des mauvaises dettes.

Il est clair que tout ce petit monde devra réduire son train de vie, sous la surveillance de l'Etat central. En effet, pour diminuer son discrédit, celui-ci sera contraint de se faire le gardien des lois et de la morale, par exemple en usant plus largement du vocabulaire néo-confucéen qu'il a déjà remis au goût du jour. Entre les victimes de la morale, des jalousies pourraient se faire jour. Des tensions nouvelles apparaîtraient entre les cadres techniques et politiques, centraux et régionaux – ainsi qu'entre certains d'entre eux et les entrepreneurs. L'unité de la classe plouto-bureaucratique qui domine actuellement la Chine serait sérieusement mise à l'épreuve.

En second lieu, les difficultés économiques éprouveront durement les capacités de réaction du pouvoir et, en tout premier lieu, de son sommet. On verra alors si, comme

Zhu Rongji en 1998, il saura discerner la bonne solution – car la planète des experts s'est agrandie, mais leurs divergences ont également bourgeonné, les milieux d'affaires ont eux aussi leurs entrées, et les partenaires étrangers ne se gênent plus pour prodiguer conseils et avertissements. On verra surtout s'il pourra imposer sa solution à un appareil très influencé par les intérêts régionaux et locaux, et faire régner la loi de Pékin sur tous les microclimats.

Une grande question sera sans doute celle de savoir si le pouvoir réagira comme un parti ou comme un Etat. Dans le premier cas, il se reposera largement sur des moyens de propagande et de police et risquera d'obtenir plus d'obéissance apparente que réelle. Au contraire, des difficultés économiques pourraient être une occasion importante de faire progresser l'Etat en Chine, et avec lui les notions de bien public et de fonction publique, auquel cas l'application des politiques publiques pourrait gagner en effectivité.

Faudra-t-il désormais souffrir sans espérer ?

De son côté, la population, qui ne supportait sa « mise au travail » par le pouvoir et ses « disciplines[2] » qu'en échange d'une progression rapide de son niveau de vie, devra s'habituer à des taux de croissance plus faibles. Dès lors sera plus ou moins nettement remis en cause, en fonction de l'ampleur des nouveaux sacrifices, le contrat implicite mais ô combien solide entre le pouvoir et la société et qui étayait la stabilité politique chinoise.

Les réactions de mécontentement risquent d'être amplifiées par la mémoire de la souffrance populaire sous le communisme. Un jour cette mémoire sera rétablie : on saura les promesses sans cesse répétées et sans cesse traduites en terreur par le pouvoir maoïste, puis, après une forme de libération, les déceptions et les mauvaises surprises ressenties sous Deng Xiaoping, enfin, aujourd'hui, les duretés d'une société fort peu harmonieuse. Dès le milieu des années 1980, le revenu paysan a cessé de progresser significativement. Au cours de la décennie suivante, les citadins souffrirent du chômage et de la disparition du « bol de fer » des *danwei.* Dans le même temps, les uns et les autres devaient prendre à leur charge des dépenses de santé ou d'éducation nouvelles. Finalement, la vie était meilleure mais plus difficile qu'avant.

Du moins les souffrances étaient-elles apaisées par la hausse continue du niveau de vie, et plus encore par sa prévisibilité. La majorité des Chinois sont pauvres, et la quasi-totalité vivent comme des pauvres. Ils surveillent leur consommation, tout en espérant des améliorations de revenu rapides qui leur permettraient soit de combler leurs dettes, soit d'épargner, car ils savent quelles lourdes dépenses attendent tout foyer chinois : les frais d'éducation et de mariage de l'enfant, l'achat d'un logement et les frais médicaux pour les anciens.

La croissance est donc l'aliment de base d'une société qui vit pour épargner et n'a que fort peu de moyens de consommer. Elle nourrit aussi l'espérance des pauvres en un avenir meilleur, sinon pour eux, du moins pour leurs enfants. Les paysans imaginent d'installer leur enfant en ville, et les citadins épargnent pour lui faire suivre les cours des meilleures universités. La hausse régulière et rapide des revenus compense les difficultés et les incertitudes que la marchandisation de l'économie introduit dans la vie. Un déclin de la croissance ferait donc apparaître surprise et inquiétude.

Les Chinois entreraient dans le monde des petits chiffres de croissance où nos pays du vieil Occident sont encalminés, mais dans une tout autre situation que nous. D'abord, c'est vrai, parce qu'ils n'en viendront pas, ou pas tout de suite, aux situations proches de la stagnation que nous connaissons. Mais nous y sommes entrés quand nous étions déjà non seulement développés mais entrés dans la société de consommation ; les Chinois, au contraire, ne sont pas complètement développés et ne font pour la plupart que rêver de la société de consommation. Ils ont donc trop besoin d'espérer pour admettre une situation où la possibilité de prévoir serait fortement réduite.

La fin du contrat entre le régime et la population ?

Ce n'est pas tout. La croissance économique possède un sens politique très fort dans la Chine d'après la tragédie. Elle est à la fois la preuve que le régime a changé, car il fait quelque chose pour sa population, et une clause essentielle du contrat implicite qui le lie à la population et fonde l'ordre des choses. Pour comprendre à quel point cette preuve est nécessaire, il faut savoir quel mépris les « cent noms » vouent à leurs maîtres.

Ce phénomène est souvent ignoré ou négligé, puisque aucune révolte de grande ampleur n'a jamais soulevé le peuple chinois contre le communisme : comme en URSS, le carcan du système était trop puissant pour que l'on pût discerner clairement à quoi conduirait une révolte. Mais l'opposition ou la désaffection populaire se sont manifestées de façon à peu près permanente à partir de la première « grande marée du socialisme » en 1955, et de toutes les façons possibles : escapisme, passivité, sabotages, truquages etc. Ces réactions ne s'apaisaient que dans les rares périodes où étaient concédés quelques avantages temporaires : il s'agissait alors d'en profiter le plus vite possible, car personne ne se faisait d'illusions sur leur durée.

Avec l'arrivée au pouvoir de Deng Xiaoping, les choses ont à la fois beaucoup et peu changé. Avec une lucidité qui paraît rétrospectivement remarquable, la population des villes et plus encore celle des campagnes ont joué le jeu que leur proposait le nouveau pouvoir. Elles se sont remises au travail, sortant souvent de leur cachette leurs maigres économies pour les investir dans de petites entreprises privées qui devenaient progressivement licites : tel ce garagiste que j'ai rencontré en 1984 dans les collines du Zhejiang méridional, au sud de Shanghai, et qui avait commencé par installer devant sa porte un simple stand de réparation de bicyclettes, avant de se mettre graduellement à réparer puis vendre mobylettes, motos et finalement automobiles. Le peuple chinois a cru dans les promesses de Deng Xiaoping – cela fait toute la différence avec l'URSS de Gorbatchev – et il a eu raison. La preuve en est très vite venue, dès le début des années 1980, quand le démontage des communes populaires et l'autorisation de l'agriculture familiale, puis du commerce privé de produits agricoles en nombre croissant ont permis une spectaculaire augmentation du revenu paysan.

Mais l'opportunisme avec lequel la population profitait des réformes ne s'est jamais mué en adhésion politique. En effet, tout un chacun avait très tôt remarqué que les chefs n'avaient pas changé : c'étaient, sinon toujours les mêmes hommes, du moins le même type d'hommes, qui n'hésitaient guère plus qu'avant à recourir à la violence. La propagande n'avait guère changé, et faisait apparaître comme des concessions, puis des libéralités, et finalement des moyens de la puissance ce qui, pour le peuple, était l'essentiel : l'amélioration du niveau de vie. Le seul changement incontestable à ses yeux était pour le pire, et c'était la corruption. Aussi les « cent noms » ont-ils élaboré à l'égard des gens d'en haut un sentiment d'opportunisme, d'indifférence et de mépris mélangés.

L'opportunisme, certes, est beaucoup plus intense que sous Mao, car l'époque est celle où l'on croit que les destins peuvent se faire ou se défaire à chaque instant. Mais profiter du jeu n'empêche pas l'indifférence à l'égard de ses maîtres. Sous Mao, elle était latente, mais la pression politique contraignait à la vigilance. Au contraire, depuis que sa survie est assurée et que l'espoir est entré dans sa vie – un espoir aux couleurs fort peu politiques et aux idéaux fort peu communistes –, la population est devenue indifférente à l'égard de la politique. Elle s'en occupe le moins possible, y compris durant les temps forts. La réunion annuelle de l'Assemblée nationale et du Sénat chinois provoque des encombrements qui suscitent les ricanements populaires, et les émissions de télévision sur les congrès du Parti ne suscitent qu'indifférence. La dépolitisation de la société chinoise atteint des sommets rarement égalés de par le monde.

Lors de mon séjour en Chine, il m'arrivait de faire valoir à mes interlocuteurs que, comparés à leurs prédécesseurs, leurs dirigeants n'étaient pas si mauvais, puisqu'ils apportaient un progrès très rapide et se préoccupaient en outre de la vie du peuple. On me répondait souvent par une avalanche de remarques aigres qui disaient en substance : comment croire aux intentions sociales d'un régime corrompu qui réserve aux siens les avantages importants ? Comment être sûr qu'il ne commettra pas bientôt de nouvelles erreurs ?

A ce point, les choses s'éclairent. La croissance est tout simplement indispensable à l'obéissance populaire, elle est la seule légitimité du régime, et il faut qu'elle soit rapide parce que personne n'a confiance dans l'avenir. Ainsi s'organise la stabilité du régime. Ainsi s'explique également le danger qui plane sur lui.

La fin des « pigeons »

Où ce danger pourrait-il survenir ? Un premier secteur critique est celui des marchés occidentaux où les exportateurs chinois font leurs plus gros bénéfices. Le marché américain est le principal. Ce marché est financièrement et psychologiquement essentiel à la Chine d'aujourd'hui, et pourtant c'est aussi l'un de ceux sur lesquels elle a le contrôle le plus réduit : car après tout la faiblesse des prix chinois n'est pas une assurance sur le goût des consommateurs, et encore moins sur la santé de l'économie américaine. Qu'un accident se produise, il paraît clair que Pékin n'y pourra pas grand-chose. Or le danger se rapproche. Depuis l'été 2007, l'économie américaine a commencé à ralentir[3]. De plus, divers scandales d'exportation (notamment dans le domaine des jouets) ont entaché l'image de la Chine dans ce pays (comme d'ailleurs au Japon), alors que les associations de défense des droits de l'homme continuent leur campagne contre les JO de Pékin. L'Europe est également le théâtre de polémiques nombreuses et récurrentes sur les mœurs commerciales chinoises et sur les excès de la répression en Chine. Dans les mêmes lycées français où les professeurs de géographie faisaient applaudir les communes populaires chinoises il y a quarante ans, le langage légitime est aujourd'hui – jusqu'à l'excès – la condamnation de la Chine pour son mépris des droits de l'homme.

Sans doute les opinions occidentales n'ont-elles pas complètement versé du côté hostile, d'autant que les milieux d'affaires fondent des espoirs dans la croissance chinoise. Mais il n'est pas impossible que le dossier des investissements étrangers soit prochainement ouvert. Il est encore protégé par une sorte de Sainte Alliance qui s'accorde à cacher des réalités souvent fort désagréables, avec une efficacité que confirme l'augmentation incessante des investissements étrangers directs en Chine : encore 74 milliards de dollars en 2007, soit un total cumulé d'environ 760 milliards[4]. En fait, seuls une minorité de projets sont préparés et réalisés avec les précautions, les moyens et le suivi nécessaires. En exagérant à peine, disons que cette Sainte Alliance est pour l'essentiel composée par des investisseurs étrangers qui se font plumer et par les milieux économiques chinois qui les plument. Son ciment est que les uns trouvent un avantage surtout psychologique à investir – plans sur la comète et illusions romanesques, publicité, mondanités – et les autres un avantage concret à gagner de la technologie tout en vendant leur sol et leur main-d'œuvre. Sa sécurité est assurée par le fait que les gouvernements des premiers en retirent un avantage de propagande, et que le gouvernement des deuxièmes y trouve des avantages concrets assez substantiels pour faire valoir une politique d'ouverture à l'origine contestée.

On aimerait que des enquêtes impartiales soient conduites sur le nombre et l'identité des firmes occidentales – car les entreprises taïwanaises, japonaises et singapouriennes semblent réussir mieux – dont les investissements se sont révélés rentables, ou qui sont au moins rentrées dans leurs fonds. Sur ce point, il n'existe que des rumeurs ou des sondages parcellaires et peu fiables. Mais je n'oublie pas les confidences d'un excellent correspondant de la presse économique qui, à la veille de quitter Pékin, m'avait confié que moins du quart des investisseurs français en Chine avaient jusqu'à présent récupéré leur mise de fonds[5].

Mais il est des raisons croissantes de penser que la lumière finira par être faite. D'abord, parce que investir en Chine va devenir encore moins rentable. Pour attirer les investissements, la Chine avait dû leur assurer des avantages de toutes sortes sur lesquels elle commence à revenir : elle a par exemple ramené à la norme (25 % au lieu de 15 %) les impôts sur les sociétés étrangères – des impôts que celles-ci sont contraintes de payer, à la différence de nombreux concurrents chinois, de même qu'elles ne peuvent pas éviter d'appliquer la législation sociale... Par ailleurs, les coûts chinois ne cessent d'augmenter, alors que la destination indienne devient de plus en plus attractive. Si elle dispose de moins bons équipements publics, l'Inde est beaucoup moins chère, notamment en matière de main-d'œuvre, et cela se sait de plus en plus. Elle commence donc à rattraper l'énorme retard qu'elle a pris en matière d'investissements étrangers, et nombre d'observateurs estiment qu'elle va sans tarder concurrencer durement la Chine pour les investissements destinés à des industries « atelières ». Cette prévision a été confirmée au cours de l'automne 2007 par une enquête de la CNUCED et un rapport de Capgemini auprès de trois cent quarante entreprises de rang mondial[6].

En outre, apparemment depuis peu, les firmes chinoises utilisent, voire manipulent l'ouverture de leur pays d'une façon contestable. Avec la complicité des autorités, y compris judiciaires, et une bonne dose d'impudence, certaines pillent leurs partenaires occidentaux. Ainsi Schneider

Electric a-t-elle été condamnée pour « contrefaçon (!) » à verser... 31 millions d'euros à son concurrent chinois ! L'un de ses responsables a donné de l'affaire un saisissant résumé : « Quand ils nous attaquent, ils peuvent prouver que nous utilisons cette technologie, puisque c'était la nôtre avant d'être la leur. » Et l'affaire Danone-Wahaha, révélée dans l'été 2007, a fait voir successivement les menées prédatrices d'une firme chinoise achetée par Danone, mais qui avait repris des activités autonomes, en commercialisant des produits fortement imités ; la naïveté distraite longtemps affichée par la firme française devant ces agissements, suivie ensuite d'un ballet de déclarations faraudes ; enfin, la négociation léonine conduite par la firme chinoise qui s'adossait à une loi destinée à protéger... l'indépendance économique du pays. La suite de ce feuilleton pénible est inconnue de l'auteur de ces lignes. Il n'a pas non plus les moyens, à cause de l'absence de sources ouvertes, de mesurer la représentativité exacte de ces épisodes. Mais ce n'est pas prendre un grand risque que de prévoir une réduction plus ou moins marquée des investissements étrangers.

Reste l'hypothèque énergétique. La Chine est à la merci de fournitures difficiles à protéger et dont les prix échappent à son contrôle : pour ce pays encore pauvre, la barre des 100 dollars le baril de pétrole a longtemps figuré comme une limite – mais elle n'est pas loin d'être franchie. Que faire ? Après avoir longtemps négligé la question, les dirigeants chinois s'y consacrent depuis 2004, d'une façon à la fois énergique et brouillonne. Incapables de s'inscrire efficacement sur le théâtre moyen-oriental, ils s'intéressent au gaz russe et aux gisements d'Asie centrale, avec des résultats mitigés. La percée en Afrique est plus brillante, car la Chine retire d'Afrique environ 20 %

de sa consommation pétrolière[7]. Mais cette politique est coûteuse à tous points de vue. Non seulement les importateurs chinois ont fait monter les prix, mais leurs manœuvres massives ont suscité des inquiétudes dans certains pays, et dans d'autres, de grosses difficultés diplomatiques : par exemple, Pékin a provoqué un scandale mondial en protégeant la dictature sanguinaire du Soudan avant de s'efforcer d'en obtenir des concessions ; au Zimbabwe, en revanche, après de spectaculaires déceptions, la diplomatie chinoise a dû se résigner à attendre l'heure de la succession du despote Robert Mugabe... Un problème analogue se pose dans un pays limitrophe d'Asie, la Birmanie, où la répression de la protestation populaire par une junte prédatrice a mis en danger la réputation d'une diplomatie chinoise d'abord préoccupée de protéger des approvisionnements en bois et minerais précieux, puis de plus en plus consciente du coût diplomatique de son attitude.

Le quatrième secteur critique est celui que constituent à la fois les grandes banques chinoises et leurs entreprises clientes de la Chine de l'intérieur, qui sont en majorité des sociétés liées à l'Etat en grande difficulté, mais que les autorités provinciales jugent indispensables au maintien de l'emploi. Les premières prêtent, les secondes gaspillent et les sociétés de « défaisance » fondées par l'Etat rachètent les mauvaises dettes : tel est l'enchaînement qui maintient le système à la fois en danger et en vie. Mais comment ne pas craindre qu'en cas de difficultés les banques réduisent leurs subsides avant d'être assaillies par leurs clients, et que les faillites se multiplient, entraînant dans leur chute des pans plus larges de l'économie ?

Dernier secteur critique dangereux : les Bourses chinoises de Shanghai et Shenzhen. Les cent millions de boursicoteurs amateurs que l'inflation apparue dans l'été

2007 a fait apparaître constituent une ressource, mais aussi une fragilité du système boursier. En effet, la grande majorité d'entre eux ne disposent d'aucune formation et sont sensibles aux bruits les plus fous – on a déjà vu des mouvements baissiers violents provoqués par de simples rumeurs sur d'éventuelles mesures gouvernementales. Des paniques sont probables et elles risqueraient d'amplifier les difficultés et d'affaiblir les grands groupes économiques qui sont le fer de lance de l'économie chinoise. L'inquiétude des boursicoteurs se tournerait alors vraisemblablement en colère contre les autorités qui ont promu les activités boursières et fait leur propagande, et qui sont donc considérées comme responsables du nouveau cours des choses[8].

Indiscipline et propension aux extrêmes

Les autorités chinoises ont les moyens de réagir, nous l'avons dit. Mais elles ne pourront guère se permettre de se tromper car deux caractéristiques de la société chinoise risquent d'accentuer les difficultés.

Le premier de ces défauts est l'indiscipline qui règne en Chine. On la mesure mal à l'étranger, tant restent présentes à nos esprits les images de la Chine maoïste. Admirablement relayées ou interprétées par des auteurs à succès comme Alain Peyrefitte et intelligemment utilisées par les autorités de Pékin, ces images ont engendré un malentendu radical : en fait, la Chine n'était pas par essence disciplinée, mais temporairement terrorisée.

Sous Mao, l'indiscipline populaire n'apparaissait au grand jour que lorsque la pression policière se relâchait. Elle a redoublé depuis trois décennies du fait de la détente des contraintes, d'une amélioration du niveau de vie et d'un élargissement de la sphère privée qui donnent à chacun l'envie et les moyens de défendre ses propres intérêts. Les exemples de cette indiscipline sont légion : par exemple, le contrôle des naissances n'a jamais été complètement appliqué dans les campagnes et, à la ville, seuls une minorité des foyers concernés ont rendu une déclaration d'impôts en 2007 – les autorités seraient d'ailleurs bien en mal de repérer où habitent les nombreux contrevenants !

Sans doute cette indiscipline est-elle peu politisée. Rares sont les individus qui n'ont pas de graves raisons de critiquer les différents échelons du pouvoir, mais plus rares encore sont ceux qui souhaitent l'affrontement. En revanche, l'indiscipline anime les gestes de tous les jours. La circulation automobile à Pékin en est un extraordinaire exemple. Les excès de vitesse et les franchissements de feux rouges sont peu fréquents, mais l'ensemble de la population, policiers compris, ne tient aucun compte des autres grands principes du code de la route : priorité, signalisation, règles d'occupation de la chaussée. Cette indiscipline n'est cependant pas totalement anomique. Elle porte en elle quelques principes, au même titre que l'indiscipline des collectivités rurales face au contrôle des naissances obéit aux principes coutumiers qui favorisent les familles nombreuses et les enfants mâles. A la ville, les trois principes de l'indiscipline routière sont la priorité aux plus gros véhicules, à ceux qui sont déjà engagés dans une manœuvre, enfin à ceux conduits par les riverains.

Or, dans la mesure où elle caractérise souvent des comportements majoritaires, l'indiscipline à la chinoise ne cède que devant son contraire absolu : la descente de police ou la campagne de masse. En étouffant des mesures à l'origine modérées, elle inspire au pouvoir des accès d'autoritarisme qui les exagèrent. Ainsi s'expliquent en partie les mobilisations auxquelles Mao Zedong recourait pour se faire obéir d'une population indifférente. En découlait le caractère pendulaire de la vie sociale et politique chinoise : toute exagération devait être corrigée et compensée par des « consolidations » qui étaient autant de retraites partielles. Quand il n'est pas question de proposer des récompenses matérielles à ceux qui appliqueront la loi, il ne reste qu'à en exagérer les dispositions et les punitions qui s'y attachent. On peut raisonnablement penser que la passivité générale dans laquelle s'ensablent depuis 2004 les appels gouvernementaux à réduire le taux de croissance ne cédera qu'à des mesures plus dures.

Les responsables chinois actuels sont à la fois lucides et prudents. Pour en avoir souffert personnellement durant la Révolution culturelle, ils se méfient de la propension aux extrêmes si caractéristique de la société chinoise. Ils savent qu'elle pourrait transformer en crise de simples difficultés économiques. Mais ils abandonneraient peut-être cette prudence si des difficultés économiques prenaient une allure épidémique : panique boursière, crise bancaire, fermetures d'usines... Ils pourraient alors se trouver contraints à de violents coups de barre qui provoqueraient une situation à peine moins dangereuse de démoralisation et de sauve-qui-peut.

On peut donc douter de l'aptitude de la Chine à surmonter des situations critiques sans les envenimer. A ce point de vue, l'expérience du SRAS aura été significative. Le pouvoir n'a pu traiter le problème – que les spécialistes savaient d'emblée sérieux mais limité – qu'en l'exagérant et en utilisant des modes de contrôle totalitaires, dont la clôture des lieux de travail et l'enfermement des individus dans leur logement. La situation est bien résumée par un businessman chinois : « Dans un pays à parti unique, tout paraît marcher, mais quand il y a un problème, c'est un grand problème[9]. »

Le retour de la politique

Pour toutes les raisons qui viennent d'être énoncées, l'hypothèse de troubles populaires importants est probable, notamment dans les lieux les plus proches du pouvoir et les plus visibles des journalistes chinois et occidentaux. Tout peut être envisagé : incidents devant les banques, grands magasins mis à sac, attroupements devant les bâtiments publics – tous incidents qui se sont déjà produits isolément : par exemple, le grand magasin Wall Mart de Zhonggancum a été saccagé en janvier 2005 par des travailleurs migrants furieux de ne pas avoir reçu leur paie. On peut imaginer que les difficultés nouvelles de l'emploi fourniraient à ces troubles une masse de manœuvre composée de chômeurs : car, on l'ignore trop souvent, la Chine d'aujourd'hui comprend des millions de chômeurs – les statistiques officielles ne sont pas fiables, mais le chiffre de 11 % est le plus souvent évoqué[10]. Parmi ces derniers figurent nombre d'anciens employés des usines d'Etat, qui ont conservé des habitudes de solidarité. Mais les plus actifs pourraient être les jeunes diplômés des universités, de plus en plus nombreux à attendre un emploi – seuls 50 % d'entre eux se sont « casés » à l'issue de leurs études en 2005[11]. Compte tenu de la nature et de la gravité de l'enjeu ainsi que des très probables maladresses policières, la protestation populaire serait probablement violente. Plus encore qu'en 1989, un enjeu important de la crise serait l'attitude des médias qui se sont beaucoup développés depuis, et dans lesquels travaillent de nombreux jeunes journalistes désireux de faire enfin leur métier correctement. Les nouveaux moyens de communication, et en particulier les téléphones portables, faciliteraient à la fois l'organisation des troubles et l'information des journalistes. Mais les autorités pourraient tout aussi bien les utiliser pour lancer des fausses nouvelles ou communiquer des interdictions.

Certains observateurs estiment possible la montée en puissance d'une opposition démocratique, seule capable selon eux de rendre compte politiquement des errements des élites communistes et d'ouvrir un avenir politique. Cette hypothèse me paraît illusoire. En effet, l'option démocratique est compromise dans la Chine actuelle, tant par ses échecs récents et par le spectacle que donnent les démocraties occidentales que par les succès récents du régime. Il ne reste que de rares groupes courageux, quelques écrivains connus à l'étranger ou de véritables témoins, tel, récemment, Hu Jia, un défenseur des victimes du Sida qui a été inculpé de « subversion » pour avoir mis en évidence le non-respect par Pékin de ses engagements avant les Jeux olympiques. D'autre part, le pouvoir reste assez puissant pour écraser un éventuel mouvement démocratique.

En fait, les mots d'ordre qui paraissent aujourd'hui les plus populaires, et que l'on retrouve dans nombre d'incidents récents, sont ceux qui dénoncent l'« injustice », « l'inégalité » et la corruption des riches et des puissants ou les excès de la police. Sur de tels mots d'ordre, des masses considérables pourraient être mobilisées. Il se peut aussi que des militants démocrates se glissent dans les manifestations, ainsi que d'autres, venus de sectes religieuses ou autres. Mais certains dirigeants communistes pourraient tout aussi bien se saisir de ce vocabulaire populiste et le dévier au service d'une sorte de « bonapartisme » chinois.

On a du mal imaginer que, dans un premier temps au moins, la police ne parvienne pas à protéger l'ordre officiel, aussi longtemps du moins que le pouvoir restera uni. La clef des événements serait comme en 1989 le degré de cohésion interne du Parti – on se souvient que les événements du printemps avaient été autorisés par la fracture intervenue au plus haut niveau. Or, la cohésion du Parti est déjà entravée par l'érosion du credo idéologique, par la divergence des intérêts locaux ou bureaucratiques et enfin, bien souvent, par la concurrence des intérêts de carrière et d'affaires. Dès à présent, bien que la formation de tendances demeure interdite – et d'ailleurs inutile aussi longtemps que le régime réussit –, le PCC abrite presque toutes les sensibilités politiques qu'un Occidental peut imaginer : libéraux, républicains, sociaux-démocrates, populistes, et enfin communistes, d'apparence ou de réalité, conservateurs ou réformistes...

Tous ces clivages restent discrets à cause du contrôle et plus encore de l'absence d'opportunités politiques : quand le taux de croissance atteint 10 %, les raisons de se diviser diminuent... Les clivages qui apparaissent en public sont les moins inadmissibles pour le pouvoir. Celui qui oppose les partisans de la réforme et les tenants du dogme a été d'une importance considérable dans les années 1980[12], mais il a par la suite beaucoup perdu de son importance après la disparition de la plupart des grands anciens. Les réformistes ont été écrasés, et les conservateurs vivotent, ou succombent aux sirènes de l'argent.

Ce clivage s'est apparemment fondu durant les années

quatre-vingt-dix dans une division beaucoup plus banale sous d'autres latitudes. Cette division oppose les tenants de la justice sociale, qui se proclament « de gauche », et ceux du libéralisme économique, c'est-à-dire de la permissivité à l'égard des entreprises – le libéralisme politique, lui, se porte mal, sans avoir toutefois disparu : Tocqueville exerce encore une séduction à l'université. Entre ces deux pôles, l'équilibre s'est légèrement modifié depuis vingt ans. Jusqu'à un certain point, l'équipe de Jiang Zemin favorisait plutôt les positions laxistes, alors que Hu Jintao et Wen Jiabao ont pris des positions plus populistes qui passent pour des encouragements à la gauche.

Un autre clivage banal est celui qui oppose les partisans d'un accroissement de l'ouverture aux nationalistes de tout poil qui prolifèrent depuis le milieu des années 1980. Curieux clivage, à la vérité, car il partage intérieurement un grand nombre d'intellectuels et de responsables. Beaucoup d'entre eux sont à la fois partisans de l'ouverture et d'un rôle plus important de la Chine dans le monde, de l'organisation des Jeux olympiques et de la victoire des équipes chinoises, de l'accueil des investissements étrangers et de la réduction de leurs privilèges, de la coopération économique avec Taïwan et de la reprise au besoin par la force de l'île dissidente... C'est une raison du caractère volatil et changeant de la politique chinoise dans les domaines qui mettent le plus en jeu le nationalisme : à l'égard du Vietnam, du Japon et de la Corée du Nord, par exemple, les oscillations diplomatiques ont été nombreuses. Ces hésitations sont entrées dans les mœurs, au point que le bruit court régulièrement d'une offensive contre Taïwan, alors que dans les faits les relations entre les deux rives se sont incontestablement apaisées.

La ligne actuelle de la direction chinoise enjambe intelligemment ces différents clivages : elle est moins hostile que la précédente à un noyau conservateur qui ne représente plus un véritable danger, mais, en paroles, se révèle aussi moins antidémocratique pour la même raison ; en revanche, elle a offert des satisfactions substantielles à la mouvance nationaliste et à la « gauche ». De fait, elle est surtout préoccupée de réduire les mécontentements périphériques pour se concentrer sur l'essentiel : mieux contrôler la direction centrale et les échelons provinciaux afin de diriger plus effectivement la politique économique.

On peut essayer d'imaginer comment, abandonné par le succès qui assurait sa cohésion et se trouvant secoué par d'importants troubles sociaux sous les yeux du monde entier, le Parti communiste chinois pourrait se diviser suivant des clivages politiques, voire factionnels, et aussi des intérêts régionaux ou provinciaux éventuellement contradictoires : par exemple toutes les provinces côtières ont un intérêt commun pour l'ouverture, mais certaines d'entre elles supportent mal la puissance de Shanghai ou de Canton.

Si les difficultés économiques se révélaient réduites de de courte durée, ces divisions internes se résorberaient assez vite pour permettre l'étouffement plus ou moins complet des mouvements sociaux. Mais si la crise était grave et durable, on peut imaginer que ces divisions s'approfondiraient. Des regroupements factionnels, voire prépartidaires, trouveraient avantage à organiser des élections pour se compter. Allons plus loin. De ces élections, si elles étaient libres, sortiraient des assemblées plus ou moins pluralistes aux niveaux national et provincial, qui exigeraient de contrôler les organes gouvernementaux. Un processus de démocratisation se dessinerait ainsi, non pas à partir d'une révolution sociale ou d'un mouvement démocratique, mais du fait de la désagrégation du parti dirigeant. Autrefois condamnée par son échec de 1989, la démocratie renaîtrait de la division de ses vainqueurs, en quelque sorte par défaut, et ses partisans, vaincus et d'abord minoritaires, pourraient revenir quelque temps sur la scène.

Une bien étrange démocratisation

Disons-le franchement : il n'est pas certain qu'un tel processus aille jusqu'à des élections et il est encore moins certain qu'il se pare des couleurs idéales que les militants démocrates espèrent, en Chine comme à l'étranger. On ne voit pas, en effet, comment le désordre, voire même le chaos, ce fameux *luan* qui hante l'histoire de Chine, pourrait être évité – un désordre proportionnel à l'ampleur des difficultés économiques et des troubles sociaux.

A l'exemple des pouvoirs qui se sont succédé depuis des siècles, le régime communiste a longtemps agité et agite encore la menace du désordre pour justifier sa domination. En fait, par l'accumulation de ses excès et de ses erreurs passés ainsi que de ses amendements limités de la période récente, il rend le désordre presque fatal. D'abord, il a déqualifié la politique par sa pratique totalitaire, puis par son attention exclusive aux performances économiques. Ensuite, il a accoutumé la population à l'usage de la violence, tant par ses propres crimes qu'en déchaînant le pouvoir de l'argent, et il promet aujourd'hui une légalisation qu'il est bien incapable d'appliquer complètement. Il a donc engendré un corps social qui souffre de la violence mais qui y recourt aisément, qui désire passionnément l'ordre mais s'y soustrait chaque fois que possible, qui rêve d'un avenir plus juste mais n'y croit pas et se garde bien de risquer quoi que ce soit pour hâter son avènement.

Jusqu'où irait le désordre ? Si les difficultés s'avèrent temporaires et si aucune crise majeure n'affecte l'environnement international du pays, le pire devrait être évité. En effet, le pays n'est pas sans ressources, et le monde extérieur ne pourra pas l'abandonner. Il se montrerait en tout cas très attentif aux événements de la Chine des côtes, qui comprend la plus grande partie du potentiel économique du pays et où se trouvent les implantations étrangères majeures. Il resterait donc en Chine des zones importantes plus ou moins à l'abri.

Mais un certain désordre géopolitique connaîtrait au moins un début de réalisation. Prédire l'éclatement du pays est probablement une facilité de langage : au fil du temps, malgré tout, le rêve de l'unité chinoise a fini par acquérir une certaine réalité, d'autant que l'Etat central est une ressource politique et financière très importante. Ce qui paraît plus vraisemblable, c'est, à un degré variable suivant les circonstances, une intensification de la dispute interprovinciale face à l'appauvrissement, une sorte de sauve-qui-peut général éventuellement au ralenti, où les provinces côtières marqueraient fatalement leur supériorité sur leurs voisines plus pauvres et moins bien introduites dans le monde occidental. Aux divergences d'évolution entre provinces s'ajouteraient des variations de leur subordination à l'Etat central. Ces phénomènes troubleraient la circulation des marchandises vers et depuis l'intérieur des terres, ajoutant ainsi aux avantages acquis des zones côtières favorisées.

Ces hypothèses sont fragiles, mais elles ont l'intérêt d'évoquer le sort de feu l'Union soviétique. Les deux pays, faut-il le rappeler, partagent une série d'analogies : un territoire immense ; pas de frontières communes avec une grande démocratie (l'Inde est vraiment loin de la Chine proprement dite...) ; une histoire communiste ; pas d'expérience démocratique déterminante et longue dans le passé ; une classe moyenne encore faible et des ONG insuffisamment puissantes ; un personnel politique formé aux procédures autoritaires et une population accoutumée à un pouvoir fort ; des responsables habitués au mélange des affaires et de la politique. En URSS, c'est le Parti communiste lui-même qui s'est divisé puis vidé d'une large part de sa substance, et la démocratie est sortie directement de cette décomposition à la fois politique et régionale. Ce qui n'a pas empêché par la suite sa manipulation au service d'un autoritarisme à la fois nationaliste et mafieux.

Un tel schéma pourrait fonctionner en Chine : la montée du désordre entraînerait l'appel à un pouvoir autoritaire tout en limitant son effectivité. Celui-ci s'appuierait sur de grands groupes financiers et recourrait pour gouverner à la logomachie nationaliste que le régime communiste n'a cessé d'encourager dans les deux dernières décennies...

N'en déduisons pas un hypothétique retour à un système totalitaire. En effet, le discrédit du communisme, l'ouverture du pays, l'expérience acquise de la liberté individuelle et la passion pour l'argent devraient interdire la réinstallation de disciplines sociales très étroites. Trop d'habitudes nouvelles et de désordres se sont installés depuis la mort de Mao. En Chine comme ailleurs, un régime totalitaire est une expérience des limites que l'on ne répète pas. Mais en revanche, là comme dans l'ex-URSS, le totalitarisme cède plus aisément la place à diverses formes d'autoritarisme qu'à son contraire démocratique[13].

Par exemple, que ce soit ou non sous le sigle maintenu du Parti communiste, une sorte de Guomindang – l'ancien parti nationaliste fondé par Sun Yat-sen, que Tchang Kaï-chek avait conduit au pouvoir puis à la défaite face aux communistes en 1949 : un Guomindang « relooké », avec une idéologie de façade au vocabulaire à la fois social, confucéen et technocratique, des institutions vaguement représentatives et peut-être en partie censitaires, un système de contrôle social plus discret mais efficace, une direction officiellement toute-puissante mais laissant fonctionner les factions, les intérêts financiers et locaux... Un tel régime veillerait sans doute quelque peu à sa conformité démocratique d'apparence, et plus encore aux intérêts financiers et commerciaux des uns et des autres. Mais, comme le Guomindang, il ferait du nationalisme son programme fondamental, tant vers l'intérieur, pour répondre aux tendances centrifuges et calmer le mécontentement social, que vers l'extérieur, pour compenser la perte d'influence engendrée par les difficultés économiques et répondre à l'ascension des grands voisins d'Asie comme le Japon, la Corée et l'Inde.

Un avenir, donc, à la fois plus dangereux et plus compliqué, mais plus ouvert...

LIVRE III

LES GRANDES ÉNIGMES DE L'AVENIR

Quand je discutais avec des amis chinois de l'avenir de leur pays, ils disaient rapidement leurs doutes puis se concentraient sur les grands problèmes qu'il devrait résoudre pour grandir : ils se montraient alors intarissables. Je crois que leur méthode était la bonne. On sait mieux de quoi l'avenir de la Chine va dépendre que ce qu'il sera.

6

Peut-on gouverner la Chine ?

La folie de l'unité – Les provinces obéiront-elles ? – Un Parti tout-puissant mais vieilli – Une élite bureaucratique, un appareil lourd – Une aristocratie dangereuse – Y a-t-il un pilote dans l'avion ? – L'inconnue militaire

La folie de l'unité

Le fait est si banalement connu qu'on oublie souvent d'y réfléchir : la Chine n'est pas seulement très vaste, 9,6 millions de km^2, elle est également le pays le plus peuplé au monde, à elle seule le cinquième environ de la population mondiale. Le fait que l'Inde soit en chemin pour rattraper la population chinoise n'est pas un argument pour minimiser le problème car elle, au moins, est un Etat explicitement fédéral, comme le Canada, le Brésil et la Russie, ces autres « Etats-baleines » définis par le sociologue Ignacy Sachs. Avec eux, la Chine partage les charges énormes de l'espace ou de la démographie, ou des deux. Mais elle est la seule à se prétendre unitaire et ainsi à se priver des moyens d'une administration adaptée à sa diversité intérieure, fédérale ou confédérale.

Cette prétention est pour beaucoup d'Occidentaux un

sujet d'admiration rituel et pour la plupart des Chinois un motif d'autoadmiration qui ne devrait pas tromper les observateurs lucides. Les arguments censés venir à l'appui de la prétention chinoise à l'exception sont en effet contestables. Le premier est historique : ce sont les prétendus millénaires d'histoire unitaire. Mais lesdits millénaires ont commencé juste avant l'ère chrétienne, dans un espace très inférieur à l'actuelle superficie du pays, et ont été entrecoupés de périodes parfois longues de division. Au reste, l'Empire tolérait dans son sein toutes sortes de situations. Récemment encore, de 1916 à 1927 puis de 1937 à 1949, la Chine a été *de facto* divisée en plusieurs entités... Le deuxième argument est linguistique. La langue écrite est effectivement une caractéristique commune très forte – mais on connaît des Etats différents qui partagent la même langue. Au surplus, la langue dite « ordinaire », qui est celle de Pékin, n'est parlée que par une moitié de la population, malgré un système d'enseignement en principe unitaire.

L'argument culturel n'est qu'à peine meilleur car la culture chinoise n'a pas encore complètement conquis les zones allogènes de l'espace – près de 50 % – qu'occupent des minorités ethniques très affaiblies mais souvent rétives : en Chine même, la Chine n'est pas partout complètement chez elle. Car s'il est vrai que l'influence économique chinoise progresse partout, et si le pouvoir de Pékin ne rencontre plus d'obstacle majeur, il est non moins vrai que sa fameuse attraction culturelle rencontre localement des freins considérables. Quand par exemple on se rend au « Petit Tibet » du Gansu (nord-ouest du pays), on constate à la fois qu'aucune minorité nationale n'y est en état de résister sérieusement au contrôle politique et à la pénétration économique de l'ethnie han, et moins que toute autre la tibétaine, mais aussi que les sociétés musulmane et tibétaine ne sont que partiellement sinisées. La moitié de l'espace chinois est ainsi constituée de dégradés ethniques, sociaux et culturels dépourvus d'importance politique aujourd'hui, mais qui sait...

Sans doute les moyens nouveaux, politiques, militaires et surtout économiques des Etats contemporains ont-ils donné plus de réalité à l'unité chinoise. Au regard de l'histoire, l'une des réalisations les plus importantes du régime communiste aura été d'avoir écrasé de toutes les façons possibles les irrédentismes musulman, mongol et tibétain. Il a également imposé sur tout le pays une toile politique, militaire et policière d'une extrême solidité. Dans un sens, c'est l'essentiel, car il faudrait désormais de graves événements pour que le pays éclate.

Mais d'un autre côté, au fil du temps, le système politique s'est en large part cellularisé, on l'a dit plus haut, et l'économie joue un rôle ambivalent. Les provinces disposent en fait d'une extraordinaire latitude d'action, sauf en politique étrangère – encore que la plupart d'entre elles conduisent une véritable diplomatie économique. Les trente provinces et grandes municipalités sont autant d'espaces économiques autonomes qui, à l'heure actuelle, chacune à leur manière et selon les sujets, peuvent contrecarrer ou freiner l'unité économique du pays et la politique du Centre. Il suffit pour s'en assurer de commander dans une province une bière produite dans la province voisine...

En outre, à l'intérieur desdites provinces, des identités locales de toute envergure se côtoient, rivalisent ou s'entrechoquent, appuyées sur des dialectes souvent plus parlés que la langue commune, sur des répertoires culturels riches et vivants, ainsi que sur des réflexes identitaires si vivaces que les dirigeants communistes doivent les reprendre à leur compte. Dans la province du Henan, fichée en plein centre du pays, plusieurs mausolées supposés d'un hypothétique « premier empereur », tous superbement restaurés – pour ne pas dire reconstruits –, sont destinés à démontrer que le système impérial chinois est né là, et pas dans le district voisin...

Ce pays est unitaire dans le principe, mais dans la réalité c'est un ensemble plus ou moins chaotique de féodalités qui coexistent et rivalisent pacifiquement en période de contrainte totalitaire ou de prospérité, mais qui supporteraient difficilement de s'appauvrir ensemble. Suivant les sujets et les moments, il fonctionne comme un Etat fédéral, un Etat confédéral et un chaos de villages ruraux ou urbains isolés. Lois nationales, règlements locaux et pratiques coutumières s'enchevêtrent et varient suivant l'éloignement[1]. Quand le pouvoir central délire ou échoue, cette situation offre des abris aux populations. Mais ces abris peuvent aussi gêner l'application des meilleures politiques, comme on le constate actuellement.

Au total, la Chine est surtout unie par le sommet du Parti communiste qui la domine, par les projets économiques et sociaux qu'il se donne et par les ennemis qu'il lui attribue : pour résumer, par l'ordre politique, par les autoroutes et par la haine du Japon. Son unité n'est pas absolument sans fondements, mais elle est incomplète et s'appuie aussi sur nombre d'éléments conjoncturels qu'une politique moins autoritaire et plus réaliste remettrait en question ou aménagerait.

Malheureusement, il s'agit d'un sujet interdit à la discussion publique, comme si les autorités savaient que leur position est fragile. Il faut espérer que s'engage un jour en Chine un vrai débat sur la structure constitutionnelle en même temps que sur l'identité du pays. Le drame est que cette réflexion est actuellement bloquée par les revendications tibétaine et ouïgour, dont Pékin tire profit pour prolonger le *statu quo,* et par le double obstacle constitué par Taïwan : d'importants éléments du Guomindang condamneraient toute démarche fédérale, et celle-ci pourrait être comprise comme un encouragement à la dissidence taïwanaise. Le résultat est une situation qui favorise la cellularité spatiale. Le régime s'en accommode ordinairement, mais elle le gêne lorsqu'il entend réformer.

Les provinces obéiront-elles ?

Les autorités centrales sont conscientes des obstacles que les « localismes » opposent à leur nouvelle politique et les dénoncent de plus en plus fortement depuis plusieurs années – non sans quelque hypocrisie, car après tout elles ont le pouvoir de nommer et de destituer les fonctionnaires locaux. Parmi ces « localismes », le plus dangereux est celui des provinces et des municipalités les plus riches, qui avaient le plus profité des mesures de décentralisation que Deng Xiaoping avait adoptées pour lancer la croissance[2]. Le Centre a quelque peu rogné les attributions économiques des autorités provinciales en leur imposant de faire transiter par Pékin les autorisations nécessaires à tout nouveau prêt bancaire. A rebours, il n'a apparemment pas été très regardant, pendant longtemps, sur la multiplication des taxes destinées en principe à financer les transports et l'éducation, car il encourageait par ailleurs les autorités locales à se supporter elles-mêmes en la matière[3]. Enfin, en matière sociale, le Centre a plutôt choisi d'applaudir les échelons provinciaux ou municipaux qui se montraient actifs que de sanctionner les innombrables autres localités qui ne faisaient rien dans ce domaine. Il semble donc que les plus hautes autorités elles-mêmes aient une bonne part de responsabilité dans la situation dont elles se plaignent : ce que corrobore le fait que le Bureau politique du PCC est majoritairement composé de dirigeants qui ont servi à la tête de plusieurs provinces.

Plusieurs études réalisées il y a quelques années et publiées récemment concluent au renforcement ou à la bonne santé du pouvoir du Centre sur les provinces en mettant en exergue la politique de contrôle des cadres[4], car elle est centralisée. Mais ces études mesurent l'application d'une politique qui encourageait alors le développement à tout crin des exportations : une politique très populaire car elle rapportait gros et repoussait à plus tard nombre de décisions délicates comme celles concernant les choix d'implantations ou les concentrations d'entreprises. C'est sur les contreparties juridiques et douanières de l'adhésion à l'OMC que les difficultés semblent avoir été le plus précoces, car elles impliquaient des sacrifices[5].

Mais le problème aujourd'hui posé est différent puisque le Centre demande aux provinces de brider le rythme de la croissance, d'en changer partiellement la nature et de réparer ses dégâts sociaux et environnementaux. A ce problème, la réponse a d'abord été négative, puisque la politique centrale n'a dans l'ensemble pas été appliquée. Il a donc fallu réunir en octobre 2007 un congrès du PCC, le XVIIe, pour donner plus de vigueur à la nouvelle politique et en décembre 2007 une session de travail du Comité central pour spécifier les devoirs des uns et les menaces des autres. Quel sera le résultat de cette mobilisation ? Sera-t-il possible de surmonter les habitudes prises et les complicités établies ? Comment la nouvelle politique s'harmonisera-t-elle avec le principe ancien suivant lequel si l'Etat central chinois veut survivre, il doit autoriser les adaptations régionales et les nuances locales[6] ? A l'heure actuelle, il est impossible de répondre à ces questions.

Un Parti tout-puissant mais vieilli

La prétention à l'unité comme la réalité cellulaire du pays sont largement dues au fait que le Parti communiste ne se conçoit pas autrement que comme pan-chinois, et qu'il n'a pas les moyens d'appliquer complètement ce modèle. C'est un des effets négatifs de son pouvoir et ce n'est pas le seul, car tout indique qu'il est en large partie devenu un obstacle aux réformes qu'il prétend engager.

D'abord, parce que la réaction à d'éventuelles difficultés économiques et le développement de politiques sociales devraient être le fait de l'Etat, et non du Parti ; elles devraient être justifiées par le bien public, non par un objectif idéologique, fût-ce celui de la « société harmonieuse ». Le rôle de l'Etat devrait donc être réévalué, ce qui appellerait un renforcement de la fonction publique. A ce point de vue, une évolution est en marche. De substantielles augmentations de salaires ont été consenties aux fonctionnaires. Le recrutement des cadres de l'Etat se fait de plus en plus par des examens de bon niveau, ce qui pourrait – théoriquement – réduire les interventions du Parti dans les affectations. Ces examens sont organisés à l'issue d'appels d'offres publics, pour des charges de durée parfois temporaire. L'emploi des diplômés d'université est actuellement tellement difficile que le nombre de candidats est considérable, et la qualification professionnelle des fonctionnaires, en hausse permanente.

Un autre changement positif est que, le poids des impératifs techniques ne cessant d'augmenter, les administrations spécialisées collaborent plus étroitement avec les professionnels. Ceux-ci les influencent d'autant plus puissamment qu'ils constituent de plus en plus des esquisses de corporations. Des formes de coopération plus ou moins masquées s'esquissent, au bénéfice des deux parties. Les administrations de la justice, par exemple, ne peuvent se passer du soutien des juges, et ceux-ci les influencent – par exemple pour réduire les cas d'application de la peine de mort : la décision récente de soumettre toutes les condamnations à mort à l'approbation de la Cour suprême est généralement considérée comme une victoire des juges. Les membres des parquets, quant à eux, parviennent de plus en plus à rallier l'appui de leur administration contre les excès de pouvoir de la Sécurité publique. L'administration n'est donc plus toujours la même grande muette terrorisée qu'à l'époque maoïste.

Pour autant, malgré ce renforcement et le recrutement très publicitaire de plusieurs ministres et vice-ministres non-communistes – le fait n'est pas nouveau, loin de là –, le rôle dirigeant des comités du Parti demeure une réalité universelle. Ils jouent le rôle majeur dans les ministères, y compris dans ceux de la Justice et des Affaires étrangères. Le changement est qu'ils recrutent parmi leurs responsables de plus en plus de personnalités fortes qui se sont fait remarquer par leurs aptitudes professionnelles et qui prennent parfois des initiatives originales : nous dirions en Occident que nombre de ces personnalités politiques ont en fait des profils administratifs ou technocratiques.

En outre, la montée en puissance d'une véritable fonction publique implique un minimum de vertu et d'impartialité. C'est sur ce point que la corruption et les scandales qu'elle suscite dans l'opinion exercent leurs effets les plus délétères. Ils suscitent des soupçons qui vont souvent bien au-delà de la réalité : ainsi la police est-elle présentée universellement comme corrompue alors que j'ai à plusieurs reprises pu vérifier le comportement honnête et efficace de certains de ses agents. Il est hors de doute que la lutte contre la corruption est plus vigoureuse et en tout cas plus médiatisée depuis l'arrivée au pouvoir de Hu Jintao. Dans certaines administrations au moins, il est même des responsables qui construisent leur carrière sur une réputation d'intégrité, comme dans les temps anciens : le cas est même avéré dans des districts ruraux. Mais il reste difficile d'évaluer leur nombre. Dans un régime à la fois monopolistique, solidement enveloppé par une classe plouto-bureaucratique et où tout commence et finit par de l'argent, la construction d'une fonction publique compétente et impartiale demeure une entreprise pour le moins complexe.

En revanche, si le PCC conserve tous les leviers importants du pouvoir, ses initiatives et sa pratique varient de plus en plus suivant les secteurs, les lieux et les échelons, jusque sur des sujets sensibles comme les plans d'urbanisme, la protection des monuments ou le traitement des migrants : alors se manifeste souvent une variété d'attitudes, voire d'opinions impensables auparavant. Même sur les sujets les plus délicats de la politique étrangère – Japon, Corée du Nord, Iran –, les organes de décision politiques sont traversés par des désaccords parfois très vifs. Dans les moments les plus délicats, certains diplomates en exercice n'hésitent pas à en faire état et à commenter la rivalité qui opposerait les principales factions du ministère des Affaires étrangères.

Moins monolithique, le Parti ne met plus en œuvre que par exception ses fonctions répressives et réduit souvent son rôle de mobilisation idéologique à un rituel bureaucratique. Sa propagande laisse indifférent, fait sourire ou agace : telle cette directive envoyée lors de la conférence sino-africaine de l'automne 2006 à Pékin, qui donnait à croire que les honorables hôtes africains se partageaient entre obsédés sexuels et consommateurs malhonnêtes, et qui promettait que le Parti, par ailleurs si souvent négligent du sort des indigents, paierait les additions non réglées – dans les *hutong,* beaucoup de « camarades » étaient partagés entre l'effarement et la colère. Sauf dans les localités où il est tenu par des mafias, le Parti ne fait plus peur. Dans ma rue, à Pékin, les mauvais garçons se moquaient ouvertement des vieux militants qui patrouillaient avec leur brassard rouge

Une autre évolution majeure, heureusement contrecarrée en certains endroits par la nomination de jeunes responsables issus des universités, est le vieillissement institutionnel d'un appareil dont les procédures n'ont pas changé depuis près de soixante ans. Ce vieillissement est l'une des explications de la cellularité spatiale mentionnée plus haut. Il explique en partie la lenteur de réaction de l'appareil quand des menaces nouvelles se présentent – par exemple l'apparition de la secte Falungong en avril 1999 ou l'épidémie de SRAS au printemps 2003. Il est aussi cause du fait que, à tous les niveaux, les comités du Parti multiplient les commissions ou « petits groupes dirigeants » *ad hoc* afin d'accélérer leur action – mais, ce faisant, ils la compliquent aussi[7].

En fait, pour le parti, seule compte véritablement, en plus de la « stabilité », c'est-à-dire de son propre pouvoir, la croissance économique. Les autres tâches plus « modernes » comme l'équité sociale et la protection de l'environnement ne gagnent que peu à peu leur place dans l'agenda. Le Parti est finalement une sorte de concentré bureaucratique de la couche sociale ploutocratique à laquelle il a donné naissance.

Une élite bureaucratique, un appareil lourd

Sa composition sociale s'est en effet adaptée à l'évolution de ses tâches. Il recrutait autrefois beaucoup de gens du peuple qu'il formait à une obéissance aveugle. Aujourd'hui, il recrute surtout des arrivistes et des arrivés. On devient membre du PCC en même temps que l'on se dote des autres moyens de l'accession à l'argent et au rang social, ou quand on les a réunis. Ainsi le Parti sélectionne-t-il ses futurs membres parmi les plus brillants étudiants – 20 % des étudiants dc la fameuse université de Qinghua par exemple – ou parmi les ingénieurs et techniciens les plus méritants d'une entreprise. Etre recruté au Parti n'est en général plus un engagement idéologique, et encore moins moral. Mais tout peut arriver. Il reste de vieux militants nostalgiques, souvent des anciens ouvriers des usines d'Etat qui se fréquentent pour échanger les souvenirs de la haute époque, vont le dimanche compulser les revues internes du Parti au comité de quartier et forment le maigre public des mémoires que publient épouses et secrétaires des Grands du régime. On rencontre aussi des cadres techniques passionnés par leur métier et motivés par un patriotisme de Parti naïf. Et la jeunesse, en Chine comme ailleurs, conserve d'inépuisables ressources d'idéalisme : ainsi, un professeur d'université me disait-il récemment que nombre d'étudiants de troisième cycle demandaient à entrer au Parti pour lutter contre la pauvreté, en Chine comme dans le tiers monde...

Au total, malgré sa masse – 72 millions de membres –, le Parti communiste est un parti d'élites. Il ne comprend que 32,5 % de paysans et 11,5 % d'ouvriers, et 30 % de ses membres ont accompli des études universitaires[8]. On y trouve nombre de cadres de profession – peut-être la moitié des membres : ainsi, le Parti se représente lui-même... Mais il comprend aussi un nombre significatif de chefs d'entreprise : d'après une enquête de 2003, une proportion équivalente d'étudiants à Pékin – 62 % et 60 % – voulaient travailler dans le secteur privé et entrer au Parti[9].

Par rapport à la haute époque maoïste, l'élévation du niveau de formation et la préoccupation de plus en plus forte pour l'économie sont incontestablement des éléments positifs. Les formations d'ingénieur ont été préférées pendant les deux premières décennies de la croissance économique. Il semble aujourd'hui que les diplômes de droit soient privilégiés, ce qui s'accorde avec l'attention récente aux questions sociales : la plupart des nouveaux entrants au Bureau politique élu par le XVIIe Congrès en sont munis, dont Xi Jinping et Li Keqiang, entre lesquels la succession de Hu Jintao se jouera[10].

Cependant, pour eux comme pour la plupart des autres cadres, le temps des études s'éloigne vite. Même à l'université, les futurs responsables s'entraînent à des tâches bureaucratiques : les doctorants sélectionnés pour une grande carrière passent plus de temps aux tâches d'« organisation » qu'à leur thèse. Par la suite, les anciens étudiants deviennent vite de parfaits apparatchiks, par des carrières qui les font tourner, suivant leur rang de départ, à l'intérieur d'un district, d'une ville, d'une province ou du pays dans son ensemble et qui développent chez eux des qualités très générales ainsi qu'une adhésion à la microfaction et au réseau dans lesquels ils évoluent. A l'intérieur du Bureau politique, ces bureaucrates généralistes l'emportent de beaucoup sur ceux qui ont également fait carrière à l'intérieur du gouvernement. En revanche, une grande majorité ont à la fois de l'expérience et des connaissances dans le domaine économique – toutes qualités dont ils se servent aussi pour gérer leurs propres affaires. La combinaison entre les caractéristiques de l'apparatchik et la préoccupation pour l'argent public et privé signe la dualité fondamentale de la classe sociale au pouvoir.

Mieux formée qu'autrefois, cette bureaucratie est pourtant aussi lourde : le Parti et l'administration continuent à amonceler des milliards de notes et à embouteiller les messageries électroniques, car les efforts des équipes dirigeantes successives pour promouvoir le régime maigre ont échoué[11]. Le nombre des fonctionnaires et autres cadres continue à progresser et leur proportion atteignait en 2005 le record de un pour vingt-six habitants. La prolifération des postes est une cause connue de lenteur dans la prise et l'application des décisions, mais il en est d'autres tout aussi célèbres, dont les dessinateurs des journaux font leur miel : l'autoritarisme des cadres dirigeants, la concurrence entre les systèmes administratifs et les circonscriptions territoriales, l'inflation de la propagande, les truquages statistiques... Tel directeur de district honnête, furieux de ne pas recevoir la subvention qu'une organisation internationale lui avait déléguée, fit un jour le voyage de Pékin pour demander à cette organisation de lui délivrer désormais ce crédit directement, et en liquide !

Au total, le Parti communiste semble avoir payé des changements positifs – moins de violence, plus de compétence – par deux caractéristiques qui proviennent largement de son vieillissement et diminueraient sa capacité de réaction en cas de difficultés : le déclin de son efficacité et la lourdeur de son appareil. A ce grave défaut s'en ajoute un autre : ses couches supérieures fonctionnent de plus en plus comme une aristocratie prédatrice.

Une aristocratie dangereuse

Pour comprendre le danger que représente cette aristocratie, il faut savoir qu'elle est d'origine politique – elle s'est formée aux plus hauts rangs du Parti communiste post-maoïste – et a amalgamé les grands patrons d'entreprises. Elle fonctionne de façon familiale. En effet, dans de nombreux cas, ce sont bien souvent les épouses, les maîtresses ou les parents qui négocient et récoltent les sommes réclamées[12].

Il s'est ainsi constitué, au sommet du système, plusieurs chapelets de grandes familles qui, grâce à la position politique de leur chef, disposent d'un accès privilégié aux gros postes et à la richesse. Ainsi le fils de Hu Jintao, Hu Haifeng, dirige-t-il une société qui, par le plus grand des hasards, a remporté en 2006 le marché de tous les scanners de sécurité dans les aéroports chinois[13]. Des enfants de Jiang Zemin, de Li Peng, de Wen Jiabao ainsi que du grand Chen Yun lui-même, qui fut la statue du Commandeur du régime de Mao, dirigent d'importantes entreprises[14]. Il semble que se soient également constitués dans les provinces d'autres milieux privilégiés plus ou moins reliés à l'aristocratie du sommet.

Pour profiter de sa position, chaque famille conduit sa propre stratégie dans laquelle missions à l'étranger et affectations professionnelles jouent un rôle important. On choisit les pays importants, si possible anglophones, ainsi que les secteurs professionnels vitaux – par exemple les finances, les transports et l'énergie – ou les firmes qui dépendent des commandes de l'Etat... Mais les options peuvent varier. Ainsi, la famille d'un dirigeant d'une ville du Zhejiang a-t-elle opté pour l'Europe, avec des implantations en Italie, en France et en Grande-Bretagne, alors que bien d'autres familles choisissent les Etats-Unis.

L'impression est que les prédations des aristocrates et de leurs clients sont devenues de plus en plus importantes au fil des ans. Elle est confirmée par une étude qui montre que, durant les années 1990, la corruption a moins augmenté qu'elle ne s'est « intensifiée » : c'est-à-dire que ce sont les affaires de corruption les plus grosses qui se sont le plus développées[15].

Comme dans d'autres milieux privilégiés, un problème majeur est de pérenniser les avantages. Dans le régime chinois, la solution est simple : c'est la succession politique, dont on trouve des cas nombreux et spectaculaires. Depuis le début des années 1980, des enfants de grands dirigeants – que l'on appelle « fils de princes » – jouent un rôle important dans la direction de l'économie chinoise. Ainsi Chen Yuan, le fils de Chen Yun, a-t-il exercé des fonctions éminentes dans le système bancaire : directeur adjoint de la Banque de Chine puis directeur de la Banque du développement.

Tout se passe comme si, pendant un temps, une certaine discrétion avait été observée en matière politique – encore que Li Peng, Premier ministre durant le printemps 1989, fût l'un des enfants adoptifs de Zhou Enlai. Ce temps est bien passé car on trouve depuis une décennie de plus en plus de « fils de princes » au plus haut niveau du pouvoir. Nombre d'entre eux occupent d'importantes responsabilités provinciales, dix-neuf ont été élus au Comité central par le

XVIIe Congrès et l'on en compte sept parmi les dix nouveaux membres du Bureau politique – parmi eux, le fils du premier mari de Jiang Qing, l'épouse de Mao. Au plus haut niveau, si Zeng Qinghong, fils d'un ancien compagnon de Mao, a été mis à la retraite, le successeur le mieux placé de Hu Jintao, Xi Jinping, est le fils de Xi Zhongxun, un dirigeant autrefois purgé par Mao Zedong qui avait par la suite joué un rôle considérable dans la politique d'ouverture de Deng Xiaoping. Certaines familles sont particulièrement puissantes, telle celle de Deng Xiaoping, dont une fille vient d'être élue au Comité central... Et celle de Zhao Ziyang, l'ancien successeur de Hu Yaobang éliminé en 1989 et décédé en 2005, a su négocier victorieusement les conditions de ses funérailles. Pour se convaincre de la puissance du clan des héritiers de Deng Xiaoping, il suffit d'apercevoir le vaste domaine qu'il occupe le long du superbe lac Houhai à Pékin.

Sans doute tous les membres de cette aristocratie ne méritent-ils pas les sentiments furieux que l'opinion publique chinoise leur voue. J'en ai rencontré de charmants et cultivés, et j'ai eu l'occasion de constater le brio de Bo Xilai, le fils de Bo Yibo, qui vient, après une brillante carrière, de prendre la direction de la grande ville de Chongqing. Comme ils sont déjà nantis, ces « fils de princes » sont probablement moins avides et plus cultivés que les membres de l'aristocratie des provinces qui sont actuellement en passe de constituer leur fortune. D'autre part, ils ne constituent apparemment pas une faction car on en trouve à la fois parmi les « Shanghaïens » et parmi les proches de Hu Jintao. Mais l'existence d'une telle aristocratie constitue une sérieuse complication du processus de décision en même temps qu'une mauvaise réclame pour le régime.

Surtout, la fidélité de ses membres les plus fortunés à leur Parti et à leur pays inspire des doutes. Nombreux sont en effet ceux d'entre eux – dont, dit-on, le propre frère de Li Keqiang – qui, après avoir transféré leur fortune à l'étranger, s'y sont enfuis. On estime à plusieurs dizaines de milliards de dollars les sommes qui sortent illégalement de Chine chaque année. 8 371 membres et cadres du PCC, d'après une source de Hong Kong, et 4 000 fonctionnaires corrompus, d'après une source japonaise, ont quitté la Chine dans les années récentes en emportant environ 50 milliards de dollars : ils font d'abord sortir femmes et enfants, puis transfèrent leur argent, enfin acquièrent plusieurs passeports étrangers pour opter au dernier moment[16]. Le comportement des aristocrates durant la crise financière asiatique de 1997-1998 n'avait pas été exempt de critiques et, durant la crise du SRAS de 2003, il y a eu plus d'affolement dans ce milieu que dans le reste de la population. En cas de crise économique, il est probable que l'on assisterait à de nouveaux départs et à des fuites de capitaux massives – les uns et les autres facilités par le fait que de nombreux fils de responsables politiques sont des partenaires d'affaires de multinationales basées aux Etats-Unis[17].

Y a-t-il un pilote dans l'avion ?

Le poids de l'aristocratie est d'autant plus inquiétant qu'il pèse directement sur le patron du régime. A ce que l'on dit, ses membres les plus importants ainsi que ceux qui l'ont connu à ses débuts n'hésitent pas à lui téléphoner directement. Ils ont des antennes à Zhongnanhai, où habitent les principaux dirigeants ainsi que certaines veuves des grands anciens : durant l'épidémie du SRAS, la réaction de Hu Jintao aurait été hâtée par le fait que la femme de ménage de la veuve de Chen Yun avait été touchée par la maladie. Autre exemple : Hu Deping, le fils de l'ancien secrétaire général du PCC Hu Yaobang, est un visiteur régulier de Hu Jintao, qu'il avait bien connu dans les années 1980.

Celui-ci va devoir prendre des décisions difficiles, et il lui faudra montrer du courage. Pourtant cette vertu est la plus dangereuse et la plus rare qui soit dans l'histoire du PCC au pouvoir. Les qualités ne sont pas en cause. Il a montré beaucoup de lucidité et su choisir de bons experts pour bâtir un programme qui est probablement le meilleur possible dans le « moment chinois » présent. Sa science manœuvrière est également incontestable : après avoir su plaire à tous les collègues de Deng Xiaoping, il a réussi à s'imposer en 1992 comme le successeur de Jiang Zemin ; et après avoir su durer sous Jiang, il a obtenu – de justesse – sa succession en 2002-2004[18]. Dans cette période, il a réduit l'influence des « Shanghaïens » en gagnant la coopération de Zeng Qinghong, l'ancien féal de Jiang qui contrôlait l'administration du Comité central, avant de passer brutalement à l'offensive au cours du XVIIe Congrès pour se débarrasser du même Zeng.

Ce qui est en cause, c'est l'aptitude de Hu Jintao à se faire obéir de ses collègues et de son appareil. En effet, au cours du XVIIe Congrès il n'a obtenu qu'une courte victoire sur les « Shanghaïens », et a dû échanger un succès sur la politique économique contre un compromis sur l'identité de son successeur. Si l'ordre hiérarchique actuel est maintenu, celui-ci ne sera pas son candidat, Li Keqiang, mais justement l'actuel patron de Shanghai, Xi Jinping, ce qui jette un doute sur l'application de cette politique...

C'est dire que Hu Jintao doit encore composer avec l'une des plus puissantes factions qui soient apparues dans l'histoire de la Chine populaire et qui est celle de Jiang Zemin : basée à Shanghai, elle s'est identifiée à la politique de priorité aux exportations qui est aujourd'hui remise en cause, une politique qui met au-dessus de tout l'engagement dans le marché mondial et qui par là protège les intérêts de la Chine « bleue », celle du bas Yangsé et de la côte chinoise. Par là, elle s'inscrit plus ou moins dans un autre factionnalisme, qui défend les intérêts régionaux et provinciaux. Ce factionnalisme protéiforme ne cesse pas de fonctionner sur un mode mineur ou majeur. A plusieurs reprises, par exemple, les provinces du Nord-Est ou celles qui entourent le Guangdong se sont liguées pour obtenir des avantages. D'autres fois, ce sont des alliances plus complexes qui sont manipulées en faveur d'une province ou contre elle : il semble bien par exemple qu'après la disparition du plus célèbre de ses protecteurs, Deng Xiaoping, plusieurs réseaux d'intérêt se soient ligués contre le puissant Sichuan, qui a été considérablement affaibli par la perte de la ville de Chongqing, laquelle est devenue une municipalité sous contrôle direct du pouvoir central et a reçu d'importants moyens. Les couloirs du régime bruissent d'hypothèses concernant des opérations analogues qui viseraient d'autres provinces ou villes, jugées trop puissantes ou trop rétives. Comme on l'imagine, Shanghai est en ligne de mire !

La question est encore ouverte de savoir si Hu Jintao et ses partisans voudront et pourront vaincre ces deux types de factionnalismes. Tous sont en effet à l'origine liés au clan des Shanghaïens, avec lequel ils avaient passé de nombreux compromis, et ils ont au cours de leur carrière noué d'autres allégeances, en particulier provinciales. A peine nommé par le XVIe Congrès de 2002, Hu a entrepris de constituer sa propre faction en débauchant plusieurs anciens collaborateurs de Jiang et en faisant monter ses hommes dans les directions provinciales, dans des commandements militaires puis dans les organes centraux, ce qui lui permettait de se séparer de certains ralliés et d'affaiblir les autres. A l'heure actuelle, sa faction comprend surtout ses anciens collègues dans les provinces du Nord-Ouest et à la Ligue des Jeunesses communistes, des diplômés de l'université Qinghua et des anciens de l'Ecole centrale du Parti, tous endroits où sa carrière l'a conduit – mais elle reste relativement faible dans les milieux militaires et dans les régions économiques les plus riches[19].

En outre, il souffre de deux faiblesses graves. D'une part, il est bridé par la tendance d'un Parti vieillissant à laisser survivre une myriade de situations acquises. La « démocratie interne » que Hu Jintao a dû reprendre à son compte lors du XVIIe Congrès, est en fait le mot d'ordre des faiseurs de roi – peut-être une cinquantaine – qui entendent conserver la main sur le pouvoir suprême[20]. Hu a dû leur accorder des satisfactions substantielles, notamment en rendant au Bureau politique et à son comité permanent un rôle d'exécutant des décisions du Comité central. L'avenir dira s'il faut évoquer à ce propos une évolution vers un « autoritarisme consultatif » et une « institutionnalisation sans démocratie », ou au contraire l'un des épisodes, fréquents dans l'histoire communiste, lors desquels un dirigeant est bridé par ses pairs.

Or, d'autre part, Hu Jintao ne peut user qu'avec précaution des armes dont il dispose : la police anticorruption (car son propre camp n'est pas indemne de reproches), la presse et l'opinion (car il est fort peu démocrate), l'influence des corps professionnels « modernes » (car il faudrait la rémunérer d'une façon ou d'une autre) et l'opinion internationale (car il joue aussi sur la corde nationaliste).

Au fond, sa seule arme – mais elle est puissante – est qu'aucune véritable alternative n'existe à la politique qu'il propose, du moins dans le moment présent, et qu'aucun personnage ne s'impose face à lui, d'autant qu'à l'origine il a été adoubé par Deng Xiaoping lui-même. Elle lui a valu son succès relatif lors du dernier Congrès, et servira pour rappeler les décisions prises et menacer les contrevenants. Mais, pour la gestion concrète des affaires, on peut craindre qu'elle se révèle insuffisante dans un appareil qui est largement prisonnier de sa propre « société » – c'est-à-dire de la classe plouto-bureaucratique qui est sortie de lui – et du bon vouloir de ses étages inférieurs, tout particulièrement dans une conjoncture d'urgence qui affolerait les intérêts en place.

L'inconnue militaire

C'est l'effacement relatif du plus haut niveau politique qui rend inquiétante l'inconnue militaire, d'autant que les informations manquent.

Depuis dix ans, la part des dépenses militaires dans le revenu national remonte régulièrement après avoir beaucoup baissé : le budget militaire chinois, dont seule une partie est publique, serait devenu le deuxième du monde, très loin des Etats-Unis[21]. La part de l'armée au pouvoir demeure très favorisée, puisqu'en 2007 les militaires ne comptaient que pour 2,2 % des membres du PCC, mais pour 18 % des membres du Comité central. Elle a pourtant diminué, et pas seulement par rapport à la haute époque maoïste. En effet, depuis 2002, l'armée ne compte plus un seul représentant parmi les neuf membres du comité permanent du Bureau politique, et elle a perdu en 2007 son représentant au Secrétariat du PCC, alors que le secrétaire général du Parti demeure président de la fameuse Commission des affaires militaires du Comité central qui contrôle l'armée[22].

Dans le même temps, l'armée que l'on dit encore rouge a fait l'objet d'une double entreprise de professionnalisation et de modernisation technique. Les progrès ont été particulièrement marqués dans l'aviation, la marine et naturellement les armes de guerre les plus modernes : missiles tactiques et stratégiques, guerre de l'espace, guerre électronique... L'armée chinoise possède désormais une capacité de seconde frappe à partir de sous-marins stratégiques[23]. Au total, l'armée chinoise se dégage de sa triple tradition politique, soviétique et terrienne pour se rapprocher de plus en plus d'une armée moderne.

A cela près qu'elle est depuis soixante ans sur le pied de guerre contre Taïwan. Ses chefs en tirent argument pour demander de fréquentes augmentations budgétaires. En outre, leur responsabilité dans le dossier taïwanais les a parfois conduits à porter des jugements lapidaires sur la façon dont la direction civile traite cette affaire, pour proposer des solutions brutales. Ainsi un officier supérieur a-t-il menacé les Etats-Unis d'une frappe nucléaire au cas où ils interviendraient dans ce conflit. Il n'a pas été puni de façon publique, ce qui contribue à entretenir le mystère[24].

Deuxième particularité : depuis le massacre du 4 juin 1989, dont elle avait été chargée d'autorité, l'armée chinoise ressent un malaise politique de moins en moins discret. Sa professionnalisation croissante la conduit à admettre plus difficilement sa sujétion au Parti et non à l'Etat. En outre, elle constate avec agacement la diminution de ses effectifs (une réduction de moitié en trente ans), les difficultés matérielles de ses membres dans un pays où l'argent est aujourd'hui la mesure de tout, et la nécessité récurrente de négociations budgétaires difficiles.

Or, Hu Jintao est moins bien placé que ses prédécesseurs pour traiter avec l'armée. En effet, Deng Xiaoping avait rang de maréchal en raison de ses états de service. Jiang Zemin flattait les militaires et leur abandonnait parfois la scène – on le vit par exemple lors des exercices militaires de 1995-1996 face à Taïwan. Hu Jintao, lui, est un pur civil et il ne fait pas toujours les mêmes efforts. Après la mort en mai 2003 de soixante-dix hommes dans l'accident d'un sous-marin, il a brutalement démis le commandant de la marine et plusieurs autres officiers supérieurs. A d'autres moments, il se sent au contraire contraint de céder aux demandes de l'armée. Ainsi le budget militaire a-t-il été augmenté officiellement de 17,8 % au début 2007, ce qui rendait possible une élévation de... 150 % des primes des officiers ! De son côté, l'armée est apparemment restée rétive. Dans les mois qui ont précédé le XVIIe Congrès, des voix se sont élevées dans ses rangs pour demander qu'elle soit placée sous l'autorité de l'Etat[25]. Surtout, il semble qu'à trois reprises certains de ses chefs aient marqué une étrange indiscipline : tout d'abord, en octobre 2006, quand un sous-marin chinois s'est dangereusement approché d'un porte-avions américain ; ensuite, lors d'un sensationnel tir d'essai sur un satellite chinois, en « oubliant » de faire confirmer une autorisation très générale puis d'informer à temps les directions civiles (janvier 2007)[26] ; enfin, en fournissant des facilités techniques à certains des pirates informatiques qui se sont attaqués en juin-juillet 2007 à des centres nerveux des gouvernements occidentaux.

Tout indique que ces initiatives ont provoqué la colère de Hu Jintao. Celle-ci est *a posteriori* confirmée par le changement de vingt-cinq des quarante-deux membres militaires du Comité central décidé par le XVIIe Congrès ainsi que par les mutations décidées à l'intérieur de la Commission des affaires militaires dudit Comité central, et notamment le remplacement de son vice-président. Ces changements s'ajoutaient à la mutation de cinq des sept responsables des principales régions militaires et à la nomination d'un nouveau chef d'état-major[27].

Mais tout n'est pas réglé, tant s'en faut, entre les autorités civiles et militaires. D'après diverses sources, un nouveau sous-marin chinois aurait approché de très près le porte-avions américain *Kitty Hawk* dans le détroit de Taïwan en novembre 2007. Durant le même mois, le grand désordre déclenché dans le ciel de Chine du Sud par les exercices militaires de l'armée de l'Air chinoise n'a certainement pas fait l'affaire des autorités civiles, à moins d'un an des Jeux olympiques[28]. Soyons clair : l'armée commence à faire problème dans un régime dont la direction civile s'est quelque peu affaiblie.

7

Un seul peuple ?

Un détour par la Chine d'outre-mer – Un peuple inégalitaire – Un Etat insuffisant – Le nationalisme introuvable

Médiocrement dirigé, le peuple chinois est devenu difficilement gouvernable. Depuis que les vagues des mobilisations maoïstes ont cessé de le malaxer, il a cessé de former une seule pâte. Il forme plutôt un « sable » du type de celui que Sun Yat-sen déplorait au début du XXe siècle : glissant dans la même pente, certes – de nos jours celle du profit et de l'augmentation des revenus –, mais incapable de former un ciment.

On touche ici à un point fondamental que connaissent nombre de ceux qui fréquentent la Chine depuis longtemps : ce peuple chinois réputé pour sa discipline collective, voire pour son nationalisme, ils le savent non seulement divers, mais contrasté, contradictoire, rétif, et surtout hésitant et peu sûr de lui-même. De loin, les Chinois paraissent se ressembler, se rassembler et avancer ensemble, alors qu'en vérité, ils insistent sur ce qui les différencie, s'agacent les uns les autres et rêvent chacun de leur côté à leur propre combine, ou au départ. La Chine ? Un même lit pour un milliard de rêves !

Un détour par la Chine d'outre-mer

Etrangement, une utile façon de comprendre l'insuffisante capacité d'inclusion du modèle chinois consiste à se tourner vers ce qui, de loin, passe pour l'un des bijoux de la couronne chinoise : l'émigration, la diaspora. Le phénomène est ancien – il a commencé apparemment au début du deuxième millénaire – et, contrairement à ce que nous imaginons, il dit beaucoup sur la difficulté que la société chinoise éprouve à être ce qu'elle croit être.

Comme l'émigration a été le plus souvent causée par la misère, on imagine qu'une fois fortune faite, beaucoup d'émigrés sont rentrés dans la mère patrie : ce ne fut le cas que d'étroites minorités d'autant que l'Empire leur fermait en principe ses frontières. Sans doute les émigrés conservaient-ils un lien affectif au pays natal, concrétisé par la langue et les coutumes, et parfois un lien financier – autrefois pour envoyer des secours, aujourd'hui pour investir, commercer et faire construire un beau tombeau familial au village. Mais, à part quelques visites, pas plus.

Avec ses trajectoires si différentes, l'histoire de l'émigration chinoise est une histoire de difficultés effroyables et souvent de persécutions, mais au total d'acclimatation remarquable aux territoires d'accueil. Nous nous étonnons du folklore maintenu des communautés chinoises d'outre-mer ? Mais c'est au contraire leur intégration locale qui devrait impressionner, et l'importance des réussites économiques – pas partout, certes, et pas pour tous les émigrés, bien sûr –, lesquelles ont devancé celle du continent sans y faire tache d'huile : après 1978, les Chinois d'outre-mer ont servi d'intermédiaires et investi dans leur pays d'origine, mais sans y revenir en nombre. Aujourd'hui, ils s'adaptent sans cesse mieux aux sociétés d'accueil, utilisant les législations ou les mœurs locales pour acquérir la nationalité de leur pays de résidence – même au Japon ! Aux Etats-Unis ou en Italie, ils défendent au besoin leurs intérêts commerciaux par de véritables émeutes. A Paris, on considère que l'émigration chinoise est l'une des mieux organisées[1].

Cela ne signifie pas que l'origine chinoise est indifférente. L'imprégnation culturelle et linguistique ne s'efface que lentement, et il se forme des groupes de solidarité efficaces, dont le modèle est en général puisé dans le répertoire culturel chinois, et qui facilitent de multiples façons l'engagement économique dans le pays d'accueil. Mais ces groupes de solidarité se réfèrent souvent autant à l'origine locale ou dialectale qu'à l'origine nationale. Ainsi peut-on rencontrer en Asie du Sud-Est et dans le monde nombre de « Chinois d'outre-mer » qui sont en fait surtout « hakka », « minnan » (c'est-à-dire originaires du Guangdong ou du sud du Fujian) ou « wenzhou » (c'est-à-dire d'originaires de l'est de la Chine), et qui ignorent pour la plupart la langue commune. En d'autres termes, la référence à « la Chine » demeure assez vague et généralement plus culturelle que nationale : ce sont moins des Chinois d'outre-mer que des Chinois de l'outre-mer, et l'on peut douter qu'en cas de conflit militaire impliquant leur pays d'origine ceux-ci se sentent aussi concernés que l'ont été par le destin de l'Angleterre les Australiens et les Canadiens lors des deux conflits mondiaux.

Ce détour par la Chine d'outre-mer n'éclaire pas seulement le rapport entre les Chines de l'extérieur et de l'intérieur mais celui qui relie les métropolitains : le lien entre les membres de la société chinoise – ou plutôt « pan-chinoise » – est bien plus ténu et plus fragile qu'on ne le répète souvent. « Les Chinois » sont un assemblage de particules multiples avant que d'être des membres d'un même corps social et des citoyens d'une même communauté nationale. Tout en se disant membres de cette communauté et en défendant de façon parfois stridente leur « sinité », ils souffrent tous d'une forme de séparation, voire d'exil, face à cette Chine qui les englobe

Un peuple inégalitaire

De cet exil, l'inégalité des conditions a toujours été une forme majeure. Le moins que l'on puisse dire est que la notion d'égalité a rarement été mise en avant dans une société chinoise qui classait ses membres dans un ordre hiérarchique et donnait une allure fatale aux différences de condition. D'une certaine façon, le communisme a sacrifié à cette manie du classement en fondant sur les « origines de classe » et sur la distinction entre les monde urbain et rural la place de chacun dans la société. Aujourd'hui, le critère de l'inégalité a partiellement changé, puisque l'origine de classe n'est plus guère prise en compte, mais la différence entre urbains et ruraux n'est qu'érodée, et l'argent joue le rôle majeur – ce qui rend l'inégalité moins fatale et moins durable, quoique tout aussi sensible. Mais, nous l'avons dit, la Chine est l'un des pays les plus inégalitaires au monde. Plus encore : c'est un pays où, jusqu'à une période récente, une vaste majorité de la population estimait que l'inégalité entre les individus n'était pas seulement inévitable, mais positive.

Comment s'en étonner ? L'égalitarisme prôné par le régime maoïste avait fait faillite, et le primat des intérêts privés s'avérait plus efficace pour le développement de l'économie. De là l'enthousiasme avec lequel nombre de Chinois se sont lancés à la recherche du profit individuel.

La Chine est encore ce pays où à tout instant vous pouvez rencontrer quelqu'un qui vous proposera de fonder une entreprise ; ce pays, aussi, où, jusqu'en janvier 2008, il ne venait pas à l'esprit d'un entrepreneur de proposer de contrat de travail à ses employés, et à beaucoup d'entre eux de le réclamer. Mais c'est également celui où toute nouvelle disposition légale suscite la formation d'une nuée de cabinets juridiques spécialisés dans l'art de la tourner, où tout produit commercialisé dans les formes possède ses contrefaçons, où des millions de nourrissons sont victimes d'affections dues à la mauvaise qualité du lait et où, aux entrées des grandes villes, sont à vendre tous les certificats dont vous pourriez avoir besoin pour réussir votre vie citadine. Vous lésez ainsi un autre, des autres, tous les autres ? Peu importe ! Chacun pour soi – et, au mieux, pour sa famille et son village... On vous le dit sans fard : c'est le prix à payer pour émanciper chacun – et par voie de conséquence, le pays. Et l'on ricane de ces pays d'Europe dont la croissance économique ploie sous le fardeau des charges sociales, c'est-à-dire du rêve impossible de l'égalisation des conditions.

Et pourtant, avec le temps, un tournant a fini par se dessiner. Les avantages des plus riches sont devenus trop visibles, ils ont déclenché des jalousies. En outre, la génération qui a nagé si vigoureusement « dans la mer » des affaires a vieilli, elle a désormais l'âge de se préparer à la retraite et de consulter les médecins : il lui faut donc de plus en plus de protection sociale. Pour tous ? Oui, pour tous les gens des villes, mais la question de savoir si les paysans méritent la civilisation n'est pas encore tranchée ! Les autorités centrales perçoivent cette aspiration, et elles veulent aussi mettre en place un marché de consommation. Elles se préparent donc à distribuer aux citadins des garanties et des aides sociales. Pour cette raison, l'inégalitarisme se fait un peu discret.

Mais il survit d'une autre façon, qui est géographique, car, dans un pays aussi immense, l'appartenance de l'individu n'est pas seulement sociale, mais locale. A force de considérer comme intangible un espace impossible, les Chinois ont placé au cœur de cet espace la différence et l'indifférence. L'inégalitarisme de la Chine contemporaine est bien plus l'effet de l'indifférence à ceux que l'on ne voit ni ne connaît qu'au sort des voisins déshérités, qui commence à préoccuper. Les plus grandes inégalités sont géographiques. Les zones côtières sont celles qui ont le niveau de vie le plus élevé et reçoivent 85 % des investissements étrangers. Les zones les plus pauvres sont celles situées dans l'intérieur, et en particulier dans les montagnes et aux bordures des déserts : loin des yeux !

Significative est à ce propos l'issue médiocre de la politique de développement de l'Ouest lancée à grands roulements de tambour par Jiang Zemin en 2001. Les quelques parcs industriels et autres zones de développement – occupées notamment par les entreprises étrangères qui voulaient s'attirer les bonnes grâces des autorités chinoises – ont eu beaucoup moins de succès qu'espéré[2]. Rien à voir avec d'autres opérations dans lesquelles le régime investit plus d'argent parce qu'elles satisfont son désir de gloriole... et de rentabilité, comme le grand barrage des Trois-Gorges, sur le cours supérieur du Yang Tsé, le nouveau port de Tien Tsin ou les équipements olympiques de Pékin.

Un Etat insuffisant

L'échec de l'égalisation spatiale des conditions s'explique en partie par les insuffisances de l'Etat. En principe, un Etat fort possède quatre caractéristiques : une idéologie du bien public, la maîtrise complète du territoire, une bureaucratie indépendante et un rapport direct avec les citoyens. L'Empire, le régime nationaliste puis le régime communiste n'ont pas voulu ou pas pu réaliser à la fois ces quatre objectifs. Du coup, le pouvoir politique a été tantôt trop et tantôt pas assez fort, et la Chine a évolué entre l'hypercentralisation et le désordre, entre l'unité et la division – dans les décennies récentes, les variations constitutionnelles et législatives y ont été incessantes. Au surplus, l'espace intermédiaire entre le pouvoir central et le pouvoir local a abrité des variations fréquentes de niveaux administratifs et de circonscriptions territoriales. Au total, la Chine a longtemps été un agrégat de localités plus qu'une société, une société plus qu'un pays, et un pays plus qu'un Etat.

Cette formule est-elle encore pertinente à l'heure d'aujourd'hui, où apparaissent des politiques publiques ? Pas complètement. Une des caractéristiques les plus importantes du « moment chinois » contemporain est en effet la poussée comme végétale, de partout et de nulle part, de quelque chose qui ressemble à l'esquisse d'un Etat. Qu'on y réfléchisse : les idées de croissance commune, de partage des richesses et de protection de l'environnement donnent corps à la prétention désormais concrète de défendre le bien commun ; le territoire est mieux contrôlé qu'il ne l'a jamais été, en particulier grâce aux nouveaux moyens de communication ; l'administration tend quelque peu à se renforcer ; enfin, on l'a dit, la prise en compte des individus producteurs et consommateurs comme parties prenantes d'un pacte économique avec le pouvoir préfigure – de loin certes – la citoyenneté. Cette évolution déconsidère les affirmations fréquentes suivant lesquelles la sphère politique chinoise est contrainte à l'immobilité par la pression d'un pouvoir cramponné à ses avantages.

En fait, elle évolue d'une façon qui, sans alerter les « propriétaires » du régime, pourrait finir – il y faudra du temps, car le Parti est solidement en place – par accoucher d'un Etat plus fort et moins partial.

Pour autant, une telle évolution se révélerait-elle suffisante en cas de difficultés graves ? Ce n'est pas sûr. En effet, l'idéologie du bien public demeure polluée par les fumerolles du grand feu totalitaire et compromise par les résultats du partage entre ceux qui l'ont éteint... La maîtrise du territoire est plus réelle aux frontières que dans l'intérieur des terres, où l'espace, nous l'avons déjà dit, est de plus en plus alvéolaire. Quelque renforcée que soit la bureaucratie d'Etat, elle demeure à tous les niveaux dominée par le Parti. Plus important encore, celui-ci est la colonne vertébrale d'une société de privilèges et à son sommet une société aristocratique, ce qui interdit à l'Etat toute universalité et aux « citoyens » toute égalité. Enfin, si ce qui autorise l'évolution est de ne pas être dite, c'est aussi son frein. Elle modifie le rapport des individus au pouvoir, mais implicitement, et donc sans fournir le langage d'un nouveau type de rapports entre les individus.

Car tel est bien ce qui affaiblit encore l'Etat chinois : il est pratiquement privé de citoyens. La citoyenneté exige au minimum l'égalité entre les citoyens, l'exercice de certains droits attachés à la nationalité et la participation libre aux activités civiques. Or, c'est peu de dire que l'égalité civique est incomplète en Chine. La population est divisée en deux mondes, celui des villes et celui des campagnes, le premier qui permet et le second qui ne permet pas, ou peu, l'accès aux logements et aux métiers les plus modernes, à l'argent et au voyage. Seuls peuvent être des citoyens les habitants du premier monde, mais la caste duale des membres du Parti et des riches possède de nombreuses possibilités d'échapper aux devoirs qui s'attachent à la citoyenneté. Il existe donc à la fois des sous-citoyens et des « hyper-citoyens ». Cela est d'autant plus vrai que les paysans n'ont pas les moyens de compenser électoralement par leur nombre leur infériorité par rapport aux citadins. D'où le paradoxe d'un Etat qui progresse, étend ses tâches et cherche à mieux les appliquer, mais qui manque de partenaires et de relais dans un corps social déchiré par les différences et les inégalités. Comment donc se faire obéir ? Sous d'autres latitudes, il reste la ressource de l'appel au nationalisme. En Chine, contre les apparences, c'est une illusion.

Le nationalisme introuvable

Et pourtant, le nationalisme se fait entendre en permanence et devient parfois strident. Depuis le milieu des années 1980, l'agitation ne cesse de gronder, dans la jeunesse étudiante comme à l'intérieur du Parti, contraignant les plus hauts dirigeants à des raidissements diplomatiques en saccades[3].

Les partenaires étrangers du pays sont d'autant plus sensibles à ces saccades qu'ils comprennent en général le communisme chinois comme le produit d'une lame de fond nationaliste et anti-impérialiste. Il est à peine exagéré de penser que les thuriféraires les plus convaincus du nationalisme chinois sont à l'étranger. Qu'importent les correctifs et les révélations apportés récemment par les historiens sur les autres raisons du succès, le comportement pour le moins trouble de Mao et le nationalisme de ses rivaux durant la guerre antijaponaise, c'est décidé : à l'heure où son idéologie communiste faiblit, ce régime conserve une légitimité, celle du nationalisme. Mao n'avait-il pas rompu avec les maîtres soviétiques ? La politique étrangère chinoise n'a-t-elle pas depuis recherché en toute occasion l'intérêt national ? La Chine ne joue-t-elle pas de plus en plus un rôle de grande puissance sur la scène mondiale ?

Ce consensus est une commodité de l'esprit. Il serait aisé de montrer qu'après 1949 le nationalisme a joué dans la politique de Mao Zedong un rôle variable et pas toujours essentiel. Par la suite, Deng Xiaoping a intelligemment recherché à l'Ouest les moyens techniques et politiques du développement, et, sauf l'erreur, d'ailleurs plus impérialiste que nationaliste, de l'offensive ratée contre le Vietnam en février-mars 1979, il a su à la fois pousser et contrôler prudemment l'ascension de la Chine dans l'arène mondiale. Sans doute à partir du milieu des années 1980 des turbulences nationalistes se sont-elles manifestées, notamment dans les universités. Mais elles sont restées limitées. Dans l'ensemble, cette période a été la plus efficacement et la moins dangereusement nationaliste de l'histoire chinoise récente.

Mais les choses se sont compliquées à partir de 1989. Après le massacre du 4 juin, le pouvoir central a trouvé utile, pour conforter une légitimité défaillante, de lancer une « campagne d'éducation au patriotisme ». Il encourageait ainsi le développement d'un nationalisme populiste qui s'est manifesté à plusieurs reprises par la suite, en partie car il était alimenté par les craintes que suscitait l'approfondissement de l'ouverture chinoise sur le monde[4]. Ainsi s'est organisée une scène spectaculaire, et partiellement virtuelle, opposant deux tendances contradictoires et interdépendantes, l'une favorable à l'ouverture, et l'autre qui s'y oppose.

D'un côté, la manière dont l'ouverture est utilisée par l'élite au pouvoir nourrit de légitimes soupçons dans la population. Ne s'agit-il pas purement et simplement d'une politique au service des riches ? Même quand elle prétend le contraire ! A qui fera-t-on croire que ceux qui travaillent avec l'étranger n'en profitent pas pour profiter de leurs privilèges afin d'avancer leurs petites affaires ? Comment croire que les grandes batailles commerciales concernent l'avenir du pays ? Le patron de la firme Wahaha, Zong Qinghou, bataille en Chine contre l'« impérialisme » de Danone, mais une large part de sa fortune est placée aux Etats-Unis, et il n'est pas le seul dans ce cas[5]. Le soupçon s'étend aisément à l'activité diplomatique du gouvernement. Ne consiste-t-elle pas, finalement, pour protéger le commerce des capitalistes chinois, à organiser la collaboration avec les grands de ce monde, et en premier lieu les Etats-Unis, voire même avec l'ennemi juré qu'est le Japon, au détriment des intérêts de la nation chinoise et, en particulier, du devoir sacré de récupérer Taïwan ?

Pour se dédouaner, les autorités autorisent des accès de fièvre nationaliste : par exemple contre les Etats-Unis en mai 1999 (après le bombardement de l'ambassade chinoise de Belgrade) et en avril 2005 contre le Japon. Puis elles reviennent rapidement à la ligne initiale. D'abord, parce que les dirigeants sont des gens privilégiés qui tiennent à conserver leur accès aux facilités occidentales ou des mandarins qui se méfient de la déraison du populaire. Mais aussi parce qu'ils en connaissent le caractère écliptique : ils savent la contradiction centrale du nationalisme chinois, qui est d'être une sorte de nationalisme de fuyards. De même que beaucoup de « retours des Etats-Unis » se disent violemment anti-américains, ceux-là mêmes – les étudiants par exemple, et une large majorité des citadins – qui réagissent le plus fort contre les excès de l'ouverture sont viscéralement tentés par l'Occident. Ils rêvent d'émigrer aux Etats-Unis ou économisent pour voyager en Europe et se passionnent à l'avance pour les Jeux olympiques. Ils s'expatrieraient en masse s'ils en avaient la possibilité.

L'une de mes plus grandes surprises aura été de constater l'énorme proportion de Chinois qui veulent partir à l'étranger parce qu'ils n'ont pas confiance dans l'avenir de leur pays et idéalisent l'Occident. Qu'on en juge : un « portail » chinois ayant demandé aux internautes si dans une vie ultérieure ils aimeraient être chinois, 64 % ont répondu par la négative. D'autres sondages auprès d'étudiants ou d'écoliers ont donné des résultats analogues[6]. Pendant un an, j'ai interrogé tous les chauffeurs de taxi pékinois qui me chargeaient pour une durée suffisante. Je leur ai demandé s'ils partiraient aux Etats-Unis au cas où leur seraient fournis un visa (mais pas pour leur famille !) et un contrat de travail : un seul a répondu par la négative.

Ainsi, deux hésitations symétriques à l'égard de l'étranger se font face : au sommet du pouvoir, entre une politique d'Etat et une politique de classe et, dans la population citadine, entre l'adhésion passionnée à la société des maîtres du monde et le refus de s'y soumettre. Ces hésitations suscitent des soupçons réciproques : dans la population, celui de la trahison des chefs, et dans les hautes sphères, celui de l'irresponsabilité des masses. Soupçons au reste tout à fait plausibles : on ne peut éviter de penser que des difficultés économiques et (ou) politiques graves mettraient à rude épreuve la loyauté nationale des élites et le calme de la population ; les explosions patriotardes du populaire et les raidissements diplomatiques des élites cachent mal le flou et l'hésitation des uns et des autres. Le moins que l'on puisse dire est que le nationalisme chinois reste à construire et qu'à l'heure actuelle il n'est guère capable de pallier les fragilités de la communauté « nationale » chinoise.

8

La Chine va-t-elle enfin découvrir le monde ?

Une perception du monde biaisée – Les dangers du pragmatisme – Naïveté du marchand, vanité du mandarin – Et si le monde cessait d'accueillir la Chine ? – Un bon voisin ?

La première et probablement la plus importante révision idéologique qui se soit produite à l'intérieur du Parti communiste chinois concerne le rapport avec l'étranger. Qu'on en juge : depuis le début du dialogue sino-américain en 1971-1972, les dirigeants de Pékin se sont successivement convaincus que la différence des régimes politiques n'entraîne pas toujours l'hostilité ; que le commerce international peut être un moyen de réduire des divergences entre les pays ; que la participation au processus de mondialisation ne condamne pas nécessairement la Chine à la marginalisation ; et qu'une approbation de la régionalisation asiatique ne contredit pas forcément l'émergence de la puissance chinoise.

En outre, cessant d'être dangereux, le monde extérieur est devenu une référence permanente pour l'ensemble des citadins chinois. Ceux-ci comparent en toutes choses leur pays à ses équivalents étrangers. Ils connaissent parfaitement l'immense retard de leurs conditions de vie. Le public se passionne pour le brillant comme pour l'anecdotique de l'Occident et de ses stars : en novembre 2007, les médias chinois se sont moins intéressés à la mission diplomatique en Chine de Nicolas Sarkozy qu'à son divorce, et en particulier à l'incroyable départ de Cécilia – est-il légitime que son épouse quitte un président ? Le grand public n'ignore rien non plus des petites et grandes faiblesses de nos systèmes : comment un ancien président de la République peut-il être menacé d'une procédure judiciaire ? De plus en plus nombreux sont ceux qui n'imaginent plus de donner à leur vie le seul horizon chinois. Au contraire, on veut voyager à l'étranger et, pourquoi pas, si une occasion se présente, s'y installer. Un effet de la relative faiblesse du nationalisme dans ce pays est que la population chinoise s'internationalise avec le même naturel qu'elle mettait autrefois à supporter son enfermement.

Cette extraordinaire mutation est la conséquence logique du déploiement commercial et financier de la Chine dans le monde. Il s'agit là d'un remarquable résultat, que la presse acclame. Et pourtant, le Parti, lui, reste étonnamment silencieux sur ce sujet. Quand il ne peut pas l'éviter, il présente les succès économiques comme dus aux qualités intrinsèques d'un régime, voire d'un peuple et d'une culture. C'est évidemment que le sujet est au fond délicat, car ces succès sont largement dus à l'exploitation d'une main-d'œuvre sous-payée et à la collaboration tous azimuts avec le capitalisme occidental ; et d'autre part, les privilèges, les trafics et autres combines y sont légion. Résultat : le dogme ne porte aujourd'hui aucune analyse du triomphe économique chinois et de ses conséquences. Il applaudit au progrès des relations entre leur pays et le reste du monde, mais sans en définir le sens.

Une perception du monde biaisée

Pour n'avoir pas analysé leurs succès, les autorités chinoises n'ont pas été non plus capables de repérer à temps leurs erreurs dans l'approche du monde extérieur, qui ne manquent pas. A ceux qui veulent se convaincre que rien n'a changé en Chine, conseillez d'aller enquêter à Pékin sur les relations extérieures du pays. Ils y rencontreront des professionnels intelligents qui, d'un air pénétré ou avec une assurance joviale, proféreront devant eux les platitudes les plus conventionnelles, voire quelquefois de parfaits mensonges. De quoi reprendre le premier avion ! Rien d'étonnant : dans ce domaine, contrairement à d'autres comme l'économie ou la sociologie, la recherche est étroitement contrôlée par les grands organes civils et militaires de la politique étrangère, ce qui contraint à connaître la langue pour repérer les nuances pourtant nombreuses du discours ; et la presse est, soit suiviste et peu intéressante, soit (comme le fameux magazine *Temps de la planète*) simplement nationaliste.

Et pourtant, même les visiteurs mal disposés reviennent contents car leurs interlocuteurs expriment en général une perception du monde optimiste, voire sympathique. Ils ont essayé de douter, bien sûr, des discours de commande qui leur étaient servis, mais ont dû se rendre à l'évidence : ils étaient dits la plupart du temps de bon cœur. Heureuse surprise ! Car après tout, la Chine aurait des raisons de se plaindre d'un bon nombre de ses partenaires étrangers qui ont participé autrefois à son dépeçage puis ont lutté après 1949 contre la nouvelle République populaire. Or, ce qui impressionne, c'est l'absence de rancune à l'égard de tous, sauf du Japon. On a même du mal à se souvenir qu'il n'y a pas si longtemps la Chine et les Etats-Unis ont été en guerre à propos de la Corée, puis se sont indirectement affrontés en Indochine. Les Français devraient s'étonner que soit si rarement mentionnée la longue période où leur pays se prétendait protecteur des chrétiens, et où ses vaisseaux mouillaient dans les ports chinois pour répondre par des canonnades aux incidents provoqués par une évangélisation musclée... L'oubli ou la politesse (plutôt que le pardon) expliquent que l'Occidental soit entouré en Chine d'amabilité et de gentillesse. L'un et l'autre viennent évidemment de ce que le monde extérieur est devenu une ressource pour le pays. La même raison explique qu'il y a tout de même un bémol : la présence de tout Occidental doit servir la Chine. Quand cette limite se trouve dépassée à cause d'un désaccord, d'une erreur d'étiquette ou d'un accident d'automobile, la gentillesse se dissipe et la méfiance, parfois la xénophobie, se manifeste rapidement.

D'un autre côté, la perception chinoise du monde souffre de deux biais spectaculaires. Le premier est un goût forcené pour la hiérarchie, pour le classement. Il est à peine exagéré de dire que les Chinois regardent le monde comme chez nous les sportifs en chambre commentent le championnat de football. Il y a les équipes de première division et les autres. Parmi les meilleures, celles du haut de tableau sont nord-américaines, d'ouest en est, suivies par les équipes d'Australie, du Canada et d'Europe du Nord, dont l'Allemagne, puis les autres équipes d'Europe, avec une place particulière pour une France capable du meilleur comme du pire, et enfin celles d'Europe de l'Est et du monde russe. Derrière, les équipes du tiers monde se succèdent vers les profondeurs du classement, dans l'ordre croissant de la pigmentation de la peau et décroissant du revenu par habitant.

Un deuxième biais, dérivé du premier, est la surévaluation du monde occidental. Le pays jugé le plus occidental de l'Occident, les Etats-Unis, fait l'objet d'une attention à la fois passionnée et jalouse. La Chine admire tout des Etats-Unis, sauf leur politique extérieure, sur laquelle elle concentre une détestation mêlée d'une saine prudence, elle-même issue de son admiration – le public chinois n'a jamais compris pourquoi un petit pays d'Europe comme la France avait pris le risque de mécontenter gravement Washington dans l'affaire irakienne... L'Amérique est à la fois un idéal et un adversaire privilégié, si bien que l'on a parfois l'impression que l'objectif est de la dévorer pour la remplacer.

A l'exception de la puissante Allemagne, les équipes européennes suscitent une curiosité réduite mais compatissante. Ce sont des marchés conquis et les gardiennes d'une culture digne d'être comparée à la chinoise qui, par moments, se montrent capables de quelques éclairs romantiques et de quelques réussites technologiques. Mais tout de même : la nomination de Dominique Strauss-Kahn à la tête du FMI a suscité quelque stupéfaction – un Français nommé grand argentier de l'univers !

Les grandes victimes de ce classement sont les pays du tiers monde – le mépris pour le monde musulman est écrasant : beaucoup de Chinois estiment encore que seule la CIA a pu réaliser l'attentat des deux tours en septembre 2001 ! Les plus pauvres des pays du Sud sont considérés comme des clients – autrefois politiques, aujourd'hui économiques, s'ils ont des matières premières. Ce n'est pas dans une université chinoise, mais japonaise, que j'ai assisté à un colloque sur « Afrique 2020 », qui explorait l'hypothèse de l'apparition sur ce continent d'un ou plusieurs pôles de développement : cette hypothèse paraît loufoque en Chine. Plus étrange encore, à la vérité, est le statut secondaire encore réservé à de grands pays émergents comme le Brésil et surtout l'Inde, qui, pour de bons observateurs, est la vraie rivale de la Chine dans « le match du siècle[1] ». L'attention des médias chinois pour l'Inde est à la fois réduite et distraite, malgré des progrès récents, et les recherches sur l'Inde contemporaine ont des décennies de retard sur le standard mondial.

Tout autant que les potentialités des pays qui sont ou ont été pauvres, cette perception néglige ou sous-estime les complexités des pays forts. Ainsi, à de rares et brillantes exceptions près, l'histoire des Etats-Unis est pratiquement inconnue, et l'on ignore souvent les fondements de tendances politiques que l'on admire ou dénonce de façon stéréotypée. La perception négative des plus anciens pays européens repose sur des préjugés qui leur dénient la capacité même dont la Chine est en voie de se doter : devenir « jeunes » tout en restant fiers de leur ancienneté. Et l'on attribue les difficultés de définition de l'Union européenne à un affaissement essentiel, sans tenir compte de ses nombreuses difficultés conjoncturelles. Cette attitude conduit à des maladresses, quand par miracle un négociateur ou un dirigeant européen marquent du talent ou de la fermeté. Les trépignements de Pékin face au discours ample et fort d'Angela Merkel sur l'éthique des relations bilatérales entre les Etats en sont un excellent exemple.

Les dangers du pragmatisme

Quand on connaît mal, on se lance en avant et on apprend de l'expérience : en Chine comme ailleurs, une connaissance biaisée ou insuffisante conduit les acteurs au pragmatisme. En l'occurrence, le pragmatisme chinois articule efficacement les offensives politiques et commerciales. Les missions officielles précèdent puis scandent les offensives commerciales. Hu Jintao a plusieurs fois parcouru l'Afrique, et Pékin a même envoyé aux autorités soudanaises une mission du PCC dirigée par Zeng Qinghong soi-même : on se demande quels problèmes idéologiques ont pu être abordés !

En la matière, les deux principes de Pékin, si l'on peut dire, sont la « non-intervention dans les affaires des Etats » – soit l'acceptation de toutes les sortes de partenaires – et la « coopération » – ce qui signifie la recherche du maximum d'avantages matériels, si nécessaire par l'attribution aux pays pauvres de crédits substantiels destinés à financer les échanges ou les infrastructures qui leur sont nécessaires. En matière commerciale, les négociants chinois s'appuient autant qu'ils le peuvent sur leurs avantages comparatifs – prix faibles pour les exportations, achats massifs pour les importations – et n'hésitent pas à acheter au prix fort. Diplomates et commerçants ne tiennent compte des conventions ou des règles internationales, voire même des notifications de non-conformité, que s'ils y sont absolument contraints. Ainsi le commissaire européen en charge de la protection des consommateurs a-t-il déclaré en novembre 2007 que dans un tiers des cas notifiés par les Européens, les exportations de produits ne correspondant pas aux normes avaient été stoppées, mais que dans près de six cas sur dix aucune mesure n'aurait été prise[2].

Dans l'état actuel de la société mondiale, ces pratiques simples ont produit des succès remarqués qui se sont traduits par d'importants contrats de fourniture de matières premières. Mais l'ignorance du terrain a aussi engendré des échecs. Les uns et les autres ont été particulièrement manifestes dans la fameuse offensive africaine : un commerce presque triplé entre 2003 et 2006, fournissant 33 % des bois tropicaux, 24 % du pétrole et 22 % du diamant nécessaires à l'économie chinoise – et pourtant équilibré par les exportations[3], ce qui est une belle performance. Mais les obstacles rencontrés sont patents : infrastructures insuffisantes, attentats contre des personnels chinois, campagnes de boycott, méfiance croissante dans les milieux dirigeants. Le choix des partenaires a été fort contesté par l'opinion publique occidentale. A terme, la Chine devra améliorer son adaptation au terrain si elle veut éviter d'y réduire ses ambitions.

D'autres incidents survenus dans les relations commerciales avec les pays occidentaux ont mis en évidence une dangereuse combinaison de cynisme et de naïveté. Ainsi, le rejet par des importateurs américains, européens et japonais de produits d'exportation chinois, notamment des jouets pour enfants ou des produits alimentaires, pour défaut de qualité. Comment les exportateurs chinois n'ont-ils pas prévu que, n'étant pas dépourvues de fondement, les campagnes de presse contre les produits chinois finiraient par produire des résultats ? L'économie chinoise se trouve aujourd'hui menacée d'acquérir une réputation désastreuse.

En outre, connaissant la naïveté et les ignorances de ses partenaires, la Chine a surabondamment profité de la maîtrise de son propre territoire pour les duper de mille façons. Le récit de ces duperies fait la gaieté des connaisseurs et toute la valeur de certains témoignages[4]. Les entreprises occidentales concernées maintiennent un silence pudique sur l'opéra commercial chinois dont elles ont souvent fait les frais. Mais un jour les chercheurs feront le bilan de la contrefaçon d'une ampleur jamais vue qui sévit en Chine depuis la fin des années 1980 : durant l'été 2006, seulement 9 % des sociétés européennes établies à Pékin déclaraient n'avoir pas connu de problèmes de protection de droits[5]. Mais les contrefacteurs chinois auraient eu tort de se gêner aussi longtemps que des ministres occidentaux achetaient le matin des fausses Rolex avant d'exiger le soir la fin de la contrefaçon, ou que l'on voyait à Pékin l'épouse d'un président se fournir abondamment en faux sacs Vuitton !

Un jour aussi, on fera le bilan des mille méthodes par lesquelles les entreprises étrangères ont été ponctionnées de leur argent, de leurs biens et de leur technique chaque fois qu'elles baissaient leur garde. On a vu des parcs automobiles vidés, des accords renégociés en urgence parce que le partenaire chinois menaçait tout bonnement de disparaître, des départements de police exigeant des milliers d'euros pour apaiser la « colère du peuple chinois » devant un « viol » qui n'était qu'une banale liaison amoureuse. Ajoutons les mille pratiques destinées à piller la technologie des « amis étrangers » et à retourner en faveur des firmes chinoises la législation protectrice que Pékin avait été contraint d'adopter : il arrive encore que des firmes étrangères soient volées de leurs procédés puis condamnées pour contrefaçon de produits chinois ! Il y a quarante ans, on enseignait aux jeunes Chinois que le capitalisme, c'était le vol : la leçon n'a pas été oubliée par tout le monde.

On ne peut manquer de relier à ces erreurs d'autres imprudences commises dans le domaine politique. Certaines sont minimes mais significatives, comme cette déclaration d'un ambassadeur chinois qui brocarda en termes fort méprisants la position sur le Tibet de personnalités locales dont l'une est depuis devenue ministre... des Affaires étrangères. Certains moyens utilisés, aussi vieux que le monde, font sourire : il se dit par exemple que quelques généraux n'ont pas résisté aux charmes des espionnes de Pékin ! D'autres sont plus dangereux : les réseaux chinois d'espionnage technologique s'activent avec une discrétion fort inégale. Geng Huichang, le nouveau ministre de la Sécurité d'Etat – souvent présenté comme le KGB chinois –, est un expert de l'intelligence économique. Le directeur du renseignement américain, de son côté, s'est plaint que les opérations d'espionnage chinoises atteignent « les niveaux pratiqués durant la guerre froide[6] ».

Naïveté du marchand, vanité du mandarin

Toutes facilitées par l'ignorance et la naïveté (y compris bien souvent des partenaires occidentaux !), erreurs et imprudences ont en fait deux origines différentes qui correspondent aux deux faces de la poussée chinoise dans le monde : l'une mercantile et l'autre mandarinale.

Le déploiement international du « capitalisme » chinois est fortement influencé par les expériences acquises en Chine même, où les entreprises prennent rarement le risque d'une vraie concurrence et se déploient à l'abri de protections politiques[7]. Le moins que l'on puisse dire est qu'il n'est pas habitué aux patiences, aux prudences et aux concessions. A l'international, il agit donc suivant un principe très simple, qui consiste à mettre en œuvre ses avantages comparatifs, quels que soient le terrain et les partenaires, puis à pousser ses avantages aussi longtemps et aussi complètement que possible, en installant souvent sur place une main-d'œuvre chinoise. Il ne se préoccupe pas des réalités et des psychologies locales : il continue d'accumuler les gains aussi longtemps que possible – le profit n'est-il pas la loi du monde capitaliste ? Il fait du commerce comme monsieur Jourdain faisait de la prose.

En revanche, l'activité des diplomates évoque celle de mandarins plongés sans le vouloir dans un monde différent. L'inexpérience et le manque de connaissances sont une explication compréhensible. Mais, comme et pire que les diplomates occidentaux, les mandarins envoyés par Pékin ne se mêlent guère à la population locale, sauf rares exceptions. Leurs relations sont rares et stéréotypées. A part de très brillantes exceptions, les spécialistes du domaine francophone n'en savent qu'un peu plus que les autres, peu importe d'ailleurs car ils réduisent leur activité à un faible périmètre autour de l'ambassade. Ils ne se préoccupent guère de manquer une réception. Quelle importance ? Ils sont porteurs d'une grandeur toute symbolique qu'il ne vaut rien de risquer. Pour se tenir au courant, ils lisent les journaux mais ignorent les revues d'opinion et tout ce qui fait qu'une culture vit : on ne les aperçoit jamais au Quartier latin ou dans celui de la Bastille. Peu importe : ils représentent la Chine et, si nécessaire, se dirigeront sans ciller au Quai d'Orsay pour tancer son titulaire. Disciplinés et dans ce sens efficaces, donc, mais peu attentifs...

Ces deux catégories d'acteurs, qui se fréquentent moins encore que leurs équivalents français à l'étranger, partagent une surprenante caractéristique : supposer implicitement qu'être chinois n'appelle pas de précautions particulières dans le monde d'aujourd'hui. Incroyable ! Ces gens ont été absents de chez nous pendant des décennies, et ils sont revenus comme si de rien n'était ! Non qu'ils se comportent mal, loin de là, car ils sont prudents et en général polis, mais, sauf exceptions rares, ils ne ressentent aucune nécessité particulière de faire attention et de prendre garde. Ils sont à l'aise chez nous, et pourtant ne s'intéressent guère à nous.

Et si le monde cessait d'accueillir la Chine ?

Leur attitude est donc aussi différente que possible de la politesse timide et maladroite des diplomates japonais ou de l'intelligence volontiers critique des Indiens. Elle repose largement sur la conviction implicite qu'à l'étranger rien ne s'oppose vraiment à la Chine. Peut-être celle-ci vient-elle de l'idée naïve suivant laquelle les sociétés gouvernées par le capitalisme sont réglées comme mathématiquement par la puissance ? Certains Chinois s'abandonneraient-ils déjà aux réjouissances de la victoire ? L'argent était autrefois la raison de leur méfiance : il motiverait aujourd'hui leur confiance, tout aussi naïve, mais plus dangereuse.

En tout cas, cette attitude est imprudente, et le réveil pourrait être difficile. D'abord, parce que, chez leurs partenaires, l'ignorance va finir par s'effacer, et que tous les dossiers délicats seront ouverts : aussi bien ceux des investissements étrangers en Chine que ceux des échanges commerciaux. Probablement même l'Occident va-t-il en venir à exagérer les difficultés qu'il avait longtemps ignorées – un peu comme dans le dossier des droits de l'homme en Chine sur lesquels de beaux esprits s'expriment aujourd'hui avec une emphase proportionnelle à leur indifférence d'avant-hier. Déjà l'on entend des responsables se plaindre que la Chine est « de plus en plus chère ». C'est vrai, mais de façon toute relative : il est plus vrai encore que l'on vient tout juste de faire quelques comptes. Et la Chine va devenir pour l'Occident un concurrent dans des domaines de plus haute technologie. Et pas n'importe lequel : un concurrent qui sait investir et qui a les moyens de transformer ses succès économiques en puissance politique. Alors on cessera de la subventionner et on lui rendra la tâche plus difficile...

Cela ne signifie certes pas qu'un renversement de tendance complet se prépare et que la Chine pourrait se trouver à nouveau environnée d'ennemis coalisés. Elle demeurera en toute hypothèse nécessaire à la croissance et à la paix mondiales. Cela signifie simplement que ce pays va se trouver confronté à des problèmes qu'il avait négligés.

Ainsi, les réactions de plus en plus vigoureuses des responsables économiques américains. La Chine n'est certes pas sans défense. Quand ils lui demandent de hausser la valeur du yuan et de cesser ses activités de contrefaçon, elle peut citer les sociétés américaines qui utilisent l'espace chinois comme un atelier à bas prix et menacer de placer une part croissante de ses excédents, non plus en bons du Trésor américains, mais de façon plus rentable, et dans d'autres économies. Pour rendre cette menace crédible, elle vient de mettre en place un fonds d'investissement souverain qui a déjà commencé à opérer. Mais l'atonie croissante du marché américain va l'amener à plus de concessions. En toute hypothèse, il lui faudra payer plus cher l'énorme surplus récolté sur ce marché.

La réaction sera probablement plus tardive sur le marché européen où, au fil du temps, en opposant les pays et même les administrations européennes les unes aux autres, la Chine est parvenue à se ménager une augmentation de 37 % de ses exportations et un surplus de près de 170 milliards de dollars en 2007. En Europe, elle exporte désormais plus que les Etats-Unis et importe moins que la Suisse ! Mais là aussi, il serait bien maladroit d'imaginer que l'Union européenne ne finira pas par sortir de son sommeil, qu'elle ne surveillera pas mieux l'application de ses barrières tarifaires et n'exigera pas la levée des barrières non-tarifaires chinoises – qui lui coûtent 20 milliards d'euros par an. D'ores et déjà, les relations sino-européennes connaissent quelques difficultés, et pas seulement pour des motifs commerciaux. Une nouvelle génération de dirigeants est apparue : Angela Merkel, Gordon Brown, Nicolas Sarkozy – qui sont, à des degrés divers, moins bien disposés que leurs prédécesseurs à l'égard de Pékin[8]. Même en Europe, la Chine doit donc se préparer à rencontrer des réactions plus fermes qui appelleront de sa part des pratiques beaucoup plus adroites.

Comme souvent, les craintes que suscite la puissance émergente de la Chine s'ornent de motifs moraux. Ce qui lui est reproché n'est pas de s'enrichir, mais de s'enrichir de façon égoïste et injuste. De fait, elle a réalisé son décollage sans se préoccuper du sort des autres pays, en particulier des secteurs industriels que ses exportations détruisaient. Pékin peut certes faire valoir des arguments historiques suivant lesquels les puissances qui ont émergé les premières ne s'étaient pas précisément embarrassées de précautions ; tout décollage s'opère au détriment des situations acquises, et souvent par des moyens peu conformes à la morale. Mais la réponse la plus efficace sera encore de changer les apparences et les réalités qui ont motivé ces critiques.

Pendant longtemps, la Chine s'est conduite, malgré sa taille, en passager clandestin de la mondialisation : elle en profitait sans en payer le prix. Cette situation n'a commencé à changer que depuis son entrée dans l'OMC. Dès lors, la législation commerciale chinoise s'est rapprochée de celle du reste du monde, son droit pénal a évolué et sa diplomatie collabore à des opérations de maintien de la paix. Mais son régime politique maintient un autoritarisme qui passe pour impudent aux yeux de tout démocrate, et profite de tous les moyens possibles pour retarder l'application des normes mondiales. A ce point de vue, un enjeu essentiel est celui de l'environnement. Pékin argue, pour mesurer ses efforts, du fait que l'Occident aussi a beaucoup tardé, ce qui est parfaitement exact. Mais, dans la conjoncture présente, la Chine a tout intérêt à convaincre le reste du monde de sa bonne volonté, et à montrer qu'elle est prête à payer son écot pour l'entretien de l'ordre mondial.

Les dirigeants chinois commencent à percevoir le problème. Ils ont compris qu'ils devaient se faire comprendre, et si possible aimer. Pour ce faire, ils ont décidé d'ouvrir de par le monde d'ici 2010 cinq cents « instituts Confucius » qui devraient enseigner la langue chinoise à 100 millions de personnes. De plus, la télévision publique nationale CCTV, qui possède déjà une bonne chaîne anglophone et vient d'en fonder une autre en français et en espagnol, prévoit d'en créer de nouvelles pour le russe, l'arabe et le portugais d'ici 2010. Ce sont là d'excellentes nouvelles, mais qui ne remplaceront pas de substantielles mutations[9].

Un bon voisin ?

L'une de celles-ci consisterait à convaincre que la Chine peut décemment figurer parmi les « honnêtes gens » de la planète, c'est-à-dire ceux qui ne menacent pas leurs voisins. Après tout, la caractéristique commune à tous les pays prospères est aujourd'hui que la paix règne sur leurs frontières. Or, ce n'est pas totalement le cas pour la Chine.

Sans doute les progrès sont-ils remarquables par rapport aux années 1970, durant lesquelles toutes ses frontières faisaient problème. La frontière russe est devenue pacifique depuis le début des années 1980 et son tracé a plus tard été fixé par des accords bilatéraux. La relation entre Pékin et Moscou n'est plus troublée que par les désagréments commerciaux, les protestations russes contre les trafics frontaliers et les agissements des mafias chinoises dans les provinces contiguës d'Extrême-Orient. Dans le cadre de l'Organisation de sécurité de Shanghai, les deux pays contrôlent l'Asie centrale et font barrage aux influences américaines ainsi qu'aux groupes islamistes et aux irrédentistes ouïgours[10]. En outre, l'amélioration continue des rapports avec l'Inde depuis le début du millénaire et l'explosion récente des relations commerciales entre les deux pays – 40 milliards de dollars en 2007[11] ! – font espérer une réduction du contentieux sur le tracé des frontières et, plus important, la dissipation des méfiances réciproques : il y faudra du temps et de la patience. Et puis, si la Birmanie paraît de plus en plus malade du joug des généraux et peu disposée à suivre les conseils chinois, la frontière birmane est pratiquement contrôlée par Pékin... Au fil des ans, enfin, malgré les graves divergences qui subsistent sur le statut des îles contestées en mer de Chine[12], les rapports sino-vietnamiens se sont pacifiés, au profit du commerce chinois – alors que l'influence du grand voisin se déploie sans encombre au Laos et au Cambodge.

Ce nouveau climat sur les frontières est confirmé par une révolution stratégique : l'engagement de la Chine dans une véritable politique régionale. Jusqu'au début des années 2000, en effet, Pékin s'en tenait en direction de l'Asie à une addition de politiques bilatérales. Elle restait à l'écart du régionalisme asiatique qui lui paraissait faire le lit de l'influence japonaise et, à travers elle, de l'hégémonisme américain. Ces craintes ont été écartées grâce à la timidité japonaise, à la concentration de la politique américaine sur le terrorisme et le Moyen-Orient et aussi à l'importance nouvelle des intérêts commerciaux chinois. La diplomatie de Pékin a donc viré de bord et choisi de contribuer à la régionalisation de l'Asie. Elle participe pleinement au dialogue politique qui se développe dans le cadre du forum asiatique de l'« ASEAN plus trois ». Elle a multiplié les accords économiques bilatéraux et signé avec l'ASEAN un ambitieux accord qui prévoit la constitution d'une zone de libre-échange dont les exportations chinoises tireront un profit majeur. Grâce à ce virage, la Chine est en train de s'imposer, au moins temporairement, comme le cœur de la Nouvelle Asie.

Malgré ces progrès littéralement historiques, trois problèmes graves subsistent sur les marges chinoises. Le premier, celui de la Corée du Nord, s'est temporairement calmé, mais pas forcément pour longtemps, et pas forcément au bénéfice de Pékin. En effet, excédées par les chantages et les mensonges de Pyongyang et mobilisées pour une fois non seulement par leurs intérêts de sécurité mais par leur responsabilité ainsi que par les pressions américaines, les autorités chinoises ont réagi d'une façon vigoureuse à l'essai atomique nord-coréen d'octobre 2006. On a entendu quelques bruits de bottes du côté chinois de la frontière, et Kim Jung – il a craint pour l'indépendance de sa dictature. Il a donc promis aux Américains de démanteler son dispositif de recherche nucléaire et initié un nouveau dialogue avec la Corée du Sud. Le problème international de l'atome nord-coréen s'efface donc – temporairement sans doute –, mais pas l'hostilité aussi ancienne que discrète entre Pyongyang et Pékin...

Plus largement, quel que soit le dynamisme de la coopération avec la Corée du Sud – il se construit à Pékin un véritable quartier prévu pour plusieurs milliers de Coréens, où les fonctionnaires chinois seront censés s'exprimer en coréen ! –, la politique chinoise en matière de réunification demeure énigmatique. La Chine n'a, semble-t-il, pas encore complètement renoncé à une politique impériale de division de la péninsule que motive également sa méfiance à l'égard des influences américaine et japonaise.

Beaucoup plus graves sont, pour sa réputation, les problèmes posés par ce que l'on peut appeler les névroses japonaise et taïwanaise de la Chine. Toutes deux sont des héritages de l'histoire et elles sont en partie reliées par le fait que Taïwan est le seul territoire du monde chinois qui ait conservé un souvenir plutôt positif de l'occupation japonaise (1895-1945), et que le Japon entretient des relations intimes et nourries avec son ancienne colonie. Mais elles sont très différentes.

En résumant grossièrement, disons que le Japon est un Etat voisin beaucoup plus petit que la Chine et qui lui doit une bonne partie de sa culture, mais qui a eu le tort de tout réussir – sauf durant la Deuxième Guerre mondiale ! –, alors que la Chine échouait en tout – au moins jusqu'aux décennies récentes. Son triomphe économique a longtemps paru injuste à beaucoup de Chinois. En outre, l'agression japonaise a laissé des souvenirs épouvantables, que l'aide considérable fournie à Pékin depuis 1978 n'a pas apaisés, d'autant que Tokyo choisissait de rester sous la protection américaine. Au contraire, les successeurs de Mao Zedong et Deng Xiaoping, moins titrés qu'eux dans la légende guerrière, ont cru nécessaire d'entretenir le ressentiment populaire contre le Japon, au moment où, par ailleurs, Tokyo commençait à assumer son nouveau statut de puissance et à s'exaspérer des rebuffades chinoises. Le conflit a fini par se nouer à partir de 2001 autour de la visite que le Premier ministre Koizumi rendait chaque année au Yasukuni Jinja, le mausolée des héros morts de la Deuxième Guerre mondiale, parmi lesquelles des criminels de guerre... Voilà qui donnait un exutoire au nationalisme populaire en Chine, et qui légitimait le blocage opposé par Pékin à la candidature japonaise au poste de membre permanent du Conseil de sécurité. Notons pourtant que des tendances plus modérées n'ont jamais cessé d'agir à l'intérieur des milieux diplomatiques et intellectuels chinois [13].

De violentes manifestations antijaponaises ont finalement été autorisées, si ce n'est organisées, en avril 2005, qui ont entraîné plusieurs mois de tension bilatérale, dans un contexte où les deux marines se croisent fréquemment sur des mers contestées. Le résultat a révélé une telle hostilité populaire à l'égard des autorités chinoises et s'est avéré si dommageable pour les échanges économiques bilatéraux et pour la réputation internationale de la Chine que la tendance plus modérée a progressivement repris la main à Pékin, alors que Koizumi laissait le pouvoir à des partisans du compromis. Les autorités de Pékin ont mis fin aux manifestations, puis progressivement restauré en 2007 des relations cordiales avec le gouvernement japonais – mais sans regretter explicitement les incroyables excès de langage que leur propagande avait autorisés.

La question taïwanaise est elle aussi une affaire humiliante pour Pékin. Cette île de 23 millions d'habitants fait incontestablement partie du monde chinois depuis le XVIIIe siècle, mais a vécu un destin spécifique. En effet, elle a connu une longue occupation japonaise puis une prise de contrôle des troupes nationalistes de Tchang Kaï-chek qui refluaient du continent à la fin des années 1940 ; ensuite un développement économique largement généré par la proximité du Japon et suivi, à partir de la fin des années 1980, par un processus de démocratisation ; enfin, une montée de la revendication indépendantiste. Pour la Chine, le triomphe économique de Taïwan constitue une humiliation car il suscite des comparaisons désagréables ; son indépendance de fait est une preuve de faiblesse en même temps qu'une menace à sa sécurité, puisqu'elle est garantie par la protection américaine ; et sa démocratisation constitue une contradiction politique brutale en même temps qu'un exemple séduisant pour la population du continent.

Ces deux problèmes sont extrêmement dommageables pour les autorités de Pékin, et pas seulement pour des raisons de sécurité. En effet, aussi compréhensibles ou légitimes que puissent paraître dans les deux cas certains arguments historiques de la Chine, son dossier comporte deux faiblesses majeures. La première est que la République populaire est une dictature communiste alors que le Japon et Taïwan sont des démocraties pacifiques : cela suffit à discréditer les fureurs chinoises contre le soi-disant « militarisme » de Tokyo et la prétention de Pékin à ramener dans son giron une population taïwanaise qui a maintes fois fait savoir ses intentions par la voie des urnes. La seconde est que l'attitude des autorités chinoises à l'égard de leurs deux voisins a paru irrégulièrement rationnelle. Tout se passe comme si ces deux problèmes avaient acquis une dimension partiellement névrotique depuis le départ du pouvoir de Deng Xiaoping au début des années 1990. En effet, le moins que l'on puisse dire est que le langage des autorités chinoises comporte ou autorise d'évidents excès, des erreurs indiscutables (comme le triplement du nombre réel des victimes du massacre de Nankin en décembre 1937) et des injures devenues rares de nos jours dans les relations internationales.

Sans doute le gouvernement de Pékin est-il moins unanime qu'il n'y paraît sur ces deux questions. Nombre de dirigeants chinois sont convaincus que le Japon est un partenaire économique nécessaire – même s'il faut contrecarrer son ambition d'accéder au statut de membre permanent du Conseil de sécurité. Certains semblent également persuadés que la solution la plus habile, concernant Taïwan, est de réduire son champ d'indépendance effective et de l'arrimer à l'économie chinoise – ce qui rendrait inutile l'usage de la force. Mais le gouvernement chinois estime impossible d'abandonner son « droit » à l'usage de moyens offensifs, ce qui laisse ouvertes la possibilité d'un accident militaire. En outre, il n'est pas sûr qu'il ait pris la mesure de l'erreur que représentent ses encouragements à la vague de nationalisme populiste... Bref, dans ce domaine comme dans d'autres, les incontestables progrès accomplis n'abolissent pas toutes les inquiétudes.

9

Mais que veut donc la Chine ?

Une société harmonieuse ? – Dialogue sur la confiance et la défiance à l'égard du Parti communiste

Une société harmonieuse ?

Reste à savoir quel projet d'avenir les dirigeants proposent vraiment à leur population. Actuellement existe un double but clair et plus ou moins partagé : la hausse du niveau de vie et le renforcement de la puissance du pays. Au sortir du cauchemar maoïste et dans l'exaltation des « Trente Glorieuses » qui ont suivi, il suffisait à faire sens.

Mais une minorité de la population citadine a d'ores et déjà atteint ce que le pouvoir appelle joliment une « société de petite prospérité ». Elle a désormais de nouvelles préoccupations : éthiques, métaphysiques, touristiques... C'est par exemple dans son sein que se recrutent les nombreux lecteurs des ouvrages qui réhabilitent le confucianisme. Si la croissance se grippe, la marche du reste de la population vers cette « petite suffisance » sera ralentie, alors que l'accès à la puissance paraîtra moins aisé à réaliser. Il faudra donc trouver d'autres objectifs.

La direction actuelle du pays semble consciente du problème et en expérimente apparemment deux solutions. L'une consiste à libérer les passions nationalistes. Dans les ruelles de Pékin, on entend souvent que la Chine doit non seulement réussir l'organisation des Jeux olympiques, mais aussi y remporter le plus grand nombre de médailles ; et que si le pouvoir veut vraiment faire plaisir à la population, qu'il envahisse Taïwan sans tarder. Dans l'attente de réaliser le premier défi et incapable de réaliser le second, celui-ci a fait un geste en autorisant les incidents antijaponais du printemps 2005 : mais ceux-ci ont fait voir leurs inconvénients. C'est pourquoi le Centre paraît incliner à proposer une deuxième solution, qui est la réalisation d'une « société harmonieuse ».

Ce concept présente en effet deux grands avantages. Le premier est qu'en évoquant le confucianisme il sort de la logomachie marxiste. Pour cette raison, Hu Jintao a échoué à le faire inscrire dans les statuts du Parti lors du XVIIe congrès du PCC. Mais c'est aussi ce qui permet d'en faire un objectif pour tous, valable à la fois en politique intérieure et extérieure. Le second avantage est que tout en répondant à des revendications d'ordre moral, il satisfait à des exigences objectives qui s'inscrivent dans la logique du développement du pays. Après avoir construit de nouvelles villes, la Chine doit leur donner des équipements sociaux et culturels. Après avoir haussé les revenus, elle doit sécuriser la vie des producteurs, et faire de plus en plus de ces derniers des consommateurs.

Ce projet est à la fois cohérent et raisonnable. Il répond à des besoins réels et peut servir de base à un nouveau contrat éventuellement plus explicite entre le régime et la population. En principe, il peut accélérer la construction d'un Etat plus solide et plus universel. C'est pourquoi le slogan ne déplaît pas. De nombreux membres du Parti y voient une conformité salutaire à des objectifs sociaux trop longtemps subordonnés aux objectifs productifs. Dans la population, on en retient au moins une reconnaissance indirecte des tares du régime actuel et au mieux une promesse d'avenir.

Et pourtant, dans les deux catégories, la « société harmonieuse » est rarement évoquée sans ironie. Pourquoi ? Nous retrouvons ici une réalité surprenante : de nombreux Chinois n'ont guère confiance dans la capacité de leur pays à se transformer en une grande nation moderne. Ils n'aiment pas que les étrangers énumèrent les obstacles sur leur route, mais ils se chargent de les évoquer : le nombre, l'indiscipline, l'égoïsme des nantis, l'évolution démographique. Fraîchement convertis à l'économie marchande, ils sont les premiers persuadés que les budgets disponibles ne suffiront jamais aux besoins : comment financer les retraites dans une société qui comptera bientôt un travailleur pour quatre personnes âgées ? Mais ils n'ont pas oublié pour autant les articles de foi qu'ils ânonnaient autrefois et tirent de leur expérience une conclusion fataliste : pas de croissance sans capitalisme, mais pas de justice avec lui...

Dialogue sur la confiance et la défiance à l'égard du Parti communiste

C'est en général à ce stade de la discussion que surgit un argument massue : comment « leur » faire confiance ? Comment faire confiance aux corrompus, aux accapareurs c'est-à-dire aux cadres du Parti ? Je réponds alors, en général, que la population a eu au total raison de faire confiance à la politique de développement de Deng

Xiaoping. Mais on me rétorque qu'alors les cadres avaient besoin de développer le pays pour s'enrichir eux-mêmes. Je réplique que puisque ils ont eu en la matière plus d'intelligence que les classes dirigeantes de nombreux pays en voie de développement, ils comprendront probablement que la satisfaction des besoins populaires conditionne désormais le maintien au pouvoir du PCC. Peine perdue : pour beaucoup d'interlocuteurs, l'enrichissement des cadres du Parti par la corruption aura été le but final, l'oméga de la politique économique. D'autre part, l'hypothèse d'un changement politique est invraisemblable, non seulement à cause de la puissance intrinsèque du régime, mais surtout à cause de l'éparpillement des aspirations populaires.

Ce dialogue n'est pas imaginaire. Je l'ai expérimenté, en tout ou en partie, avec de nombreux Chinois de toute condition, y compris parmi eux des membres du Parti. Il porte à mon sens deux leçons principales. La première est que la corruption et plus généralement la décadence morale de la classe plouto-bureaucratique est probablement plus grave pour l'avenir que pour le présent. En effet, elle conduit à penser que seule est souhaitable la reconduction indéfinie d'un présent « hyper-productif » qui laisse une part de la nourriture aux agneaux après que les loups se seront servis. Car comment croire que les loups se conduiraient mieux quand la nourriture serait moins abondante ?

Dans le « moment chinois » présent, ce genre de dialogue peut se tenir au grand jour car il implique que les objectifs du pouvoir sont justes – ce sont les conditions de réalisation qui manquent. Mais il s'y ajoute parfois, dans la discrétion d'un tête-à-tête, des arguments plus radicaux qui mettent en cause le Parti communiste : celui-ci ne s'est jamais préoccupé de la vie du peuple, il en a simplement pris le contrôle. Autrefois, il jouissait de son pouvoir. Aujourd'hui, il jouit de la richesse qu'il lui procure. Les discours sur la « société harmonieuse » sont, comme ceux d'autrefois sur le communisme, des mirages destinés à faciliter la manipulation des esprits et des corps. Ce discours, aussi contestable qu'il puisse paraître, est plus répandu qu'il n'y paraît, y compris dans les campagnes, où le changement est le plus faible : après tout, aujourd'hui comme hier, les paysans vivent sous la férule des petits chefs locaux. En refusant de changer de sigle, de mode de fonctionnement et de mœurs, le PCC suscite dans la masse un soupçon décisif chaque fois qu'il proclame un changement qui ne le servirait pas d'abord, lui.

Ainsi le nouvel objectif que la direction chinoise assure poursuivre souffre-t-il d'un grave déficit de crédibilité. Sans doute celui-ci n'est-il pas par nature éternel. Le pouvoir aurait sans doute quelques chances de convaincre plus s'il multipliait rapidement dans l'ensemble du territoire des réalisations sociales significatives du type de celles qui existent d'ores et déjà dans les grandes villes et les zones riches : superbes équipements culturels, expériences de Sécurité sociale, mise en place de systèmes de retraite à l'essai. Mais son empirisme prudent – qui est peut-être aussi le reflet de l'indifférence de ses mandants – risque de réduire sa force de conviction. La « société harmonieuse » risque donc de demeurer une propagande, ou une nostalgie.

Conclusion

Le grand défi chinois

La question du futur – Vers la modernité ? – La difficile « harmonie » – La démocratie improbable – La Chine face à son destin

Lorsque j'ai commencé à imaginer ce livre, en 2006, les commentateurs étrangers ne croyaient ni à l'hypothèse d'une crise chinoise, ni encore moins à son imminence. Pourtant, les dirigeants chinois ne cessaient de sonner l'alarme, en vain. Au début de 2008, au contraire, le climat a changé. D'abord, parce que la conjoncture économique chinoise elle-même s'est modifiée. Devant le retour de l'inflation sur son territoire et la baisse des importations américaines, quelques esprits pressés commencent même à s'affoler. Ensuite, parce que les directives des autorités en vue de maîtriser l'inflation et de réduire la croissance commencent à être appliquées. Du coup, pour la première fois depuis longtemps, il est devenu de bon ton de prévoir une récession en Chine.

Le phénomène est probable, mais sa gravité est imprévisible, et de toute façon ses conséquences seront plus importantes encore, car alors prendrait fin l'époque où la légitimité du pouvoir et la confiance de la population dépendaient d'une croissance très rapide. Un grand défi se présenterait : celui de l'invention du futur.

La question du futur

La formule est banale mais, pour ce pays, le problème ne l'est pas. En effet, c'étaient la croissance économique et ses bienfaits qui avaient réconcilié la grande masse des Chinois avec un avenir collectif. Auparavant, la brutalité avec laquelle Mao Zedong la malaxait sans cesse l'avait conduit à se replier sur elle-même. Face à la dureté du présent et à l'absurdité du futur obligatoire, seul valaient, avec le présent des affections privées, le souvenir des bonheurs perdus. Jamais on n'a aussi précieusement conservé les anciennes monnaies, les vieilles photographies et les livres d'autrefois que quand cela devint interdit, au cours des années 1950. Tout ou presque fut finalement détruit pendant la Révolution culturelle, mais sans disparaître des esprits. Bien au contraire, on assista alors, en particulier dans les campagnes, au retour en force des superstitions et des vieilles croyances.

Tout changea lorsque, au début des années 1980, la croissance économique rétablit l'intérêt du présent. Et puis, peu à peu, les succès de la nouvelle économie rétablirent la crédibilité d'un futur meilleur pour tous – ou presque. Réconfortés par la durée de la croissance – bientôt trois décennies ! –, les Chinois prirent l'habitude de prévoir un demain meilleur qu'aujourd'hui. Quand vinrent les grands travaux d'infrastructure et la construction des stades olympiques, le futur s'installa au cœur du présent, jusqu'à ne plus faire qu'un avec lui.

Dès lors, la fin du « Grand Bond » permanent des revenus présente tous les inconvénients. Elle compromet l'idée d'un présent meilleur qu'avant, et plus encore met en doute sa compensation par le futur : le déclin du présent rend le futur opaque. Car comment se projeter dans l'avenir quand il cesse d'être en quelque sorte palpable, visible ?

Et pourtant, l'événement porterait un avantage. En effet, le déclin du présent fait du seul futur possible et séduisant un futur différent : dans ce sens, il libère l'avenir. Et mieux que cela : un futur vraiment différent du présent ne pourrait être trouvé que dans la redécouverte du passé. Pour que ce futur mérite un engagement des volontés, il faudrait que ce fût un passé crédible : un passé non plus partiel, mais complet, non plus stéréotypé mais étendu au tout de l'expérience humaine, bref, un passé libéré des mensonges officiels et des paresses populaires. Le déclin du présent pourrait donc engendrer ou faciliter la redécouverte de l'histoire. La Chine ne pourra se réinventer que si elle commence par se redécouvrir, et pas seulement dans les opéras glorieux de son passé officiel : dans ses excès et ses petitesses, dans ses mensonges et ses erreurs. Et dans ses tragédies modernes, en particulier celles du terrible XXe siècle. Il va falloir sortir les vieilles photos des armoires, et donner la parole aux morts. Morts de quoi ? Morts pour quoi ?

Vers la modernité ?

Malheureusement, les autorités chinoises ne sont pour l'instant pas prêtes à ouvrir leurs archives et maintiennent ainsi l'histoire contemporaine chinoise dans des balbutiements souvent informes[1]. Obstination, prudence ou pragmatisme évolutif ?

En revanche, elles paraissent avoir élaboré une définition assez cohérente d'un futur différent, mais qui leur permettrait de conserver le pouvoir. Et d'abord, ce qui n'est pas rien, elles ont compris que leur marge de choix, autrefois tellement exagérée par Mao Zedong, avait été encore réduite par la mondialisation. Ce à quoi celle-ci contraint les pays qui comme la Chine veulent jouer un rôle éminent, c'est en toute hypothèse à la modernité, c'est-à-dire atteindre le plus haut niveau mondial. C'était déjà la voie choisie par Deng Xiaoping quand il promettait « quatre modernisations » : de l'industrie, de l'agriculture, des sciences et techniques et de la défense, tous domaines nécessaires à la survie et au renforcement du pays. Un premier programme ayant été rempli, les objectifs s'élargissent. Ils s'étendent désormais à la distribution sociale du progrès et à la protection de l'environnement. Il s'agit là d'un pari formidable qui, d'un phénomène dangereux – la réduction du taux de croissance –, voudrait faire le moyen d'un progrès : la construction d'une société de consommateurs, technologiquement, culturellement et socialement moderne, qui, construite de façon « scientifique », deviendrait une « société harmonieuse » sans passer par la démocratie[2].

Avec la Révolution culturelle, Mao Zedong avait prétendu faire de contradictions alors relativement rares et faibles le ressort d'une relance révolutionnaire. Cette fois-ci, il s'agit de rendre harmonieuse une société qui l'est fort peu, et de faire avancer la Chine vers une sorte de modèle irénique, où l'action avisée du Parti-Etat supprimerait les contradictions qui sont causes de violence. Sur le papier, ce projet présenterait ainsi une réponse aux plus dramatiques problèmes de la politique chinoise : l'absence de confiance populaire, les inégalités sociales, le manque de confiance dans un Parti-Etat, et donc son dramatique déficit d'autorité.

La difficile « harmonie »

Mais le projet de Hu Jintao paraît souffrir d'un idéalisme exactement inverse de celui de Mao Zedong. En faisant lever les contradictions, Mao les a aiguisées et diffusées. Hu Jintao, lui, ne les reconnaît pas et espère en annuler la possibilité. Mais la réalité est têtue. Les contradictions menaceront l'« harmonie » tant vantée par la propagande. Non seulement elles existent, mais elles seront inévitablement accentuées ou multipliées par des facteurs inévitables. Le premier concerne les moyens disponibles pour des politiques qui seront incroyablement coûteuses. Si la réduction de la croissance est nécessaire au changement de politique, elle le rendra également plus difficile, surtout si elle s'avère relativement marquée. En effet, elle contraindra l'Etat à limiter ses engagements, et surtout à faire appel aux entreprises : autant dire que dans bien des endroits où les relations de l'administration et des entreprises sont celles de copains et de coquins, les décisions centrales resteront en large partie lettre morte : c'est ce que font craindre les premiers rapports concernant l'application de la loi sur les contrats de travail applicable en janvier 2008[3]. Les autorités centrales et provinciales se trouveront alors face à un dilemme à propos du rythme des concessions sociales qu'ont abritées les pays qui se sont industrialisés avant la Chine : d'un côté la menace de troubles sociaux, de l'autre celle de l'éclatement de la coalition au pouvoir.

Il y a eu un chemin en Occident, il pourrait bien s'en

dégager aussi un en Chine. Dans un passé récent, les partenaires sociaux se sont montrés plus capables de pragmatisme et de compromis qu'on n'aurait pu le croire. Analysant les protestations ouvrières, Jean-Louis Rocca nous montre par exemple un pouvoir plus habile et moins violent qu'on n'aurait pu le croire, et des protestataires ouvriers relativement pragmatiques et modérés[4]. Mais le résultat a été léonin : les industries d'Etat ont été brutalement purgées et recomposées. En outre, il s'agissait de situations locales et régionales relativement limitées. Que se passerait-il si le problème social se posait à une échelle nationale, et si l'agitation des principaux centres urbains et de leurs universités multipliait des syndicats libres, ouvrant ainsi un problème politique probablement plus véritablement national qu'en 1989, encore une fois sous les yeux de l'étranger ?

La démocratie improbable

A ce point de la réflexion, il peut bien entendu paraître logique d'en appeler à la démocratie, et c'est ce que beaucoup feront, en Chine et surtout à l'étranger. Des institutions plus représentatives, un Etat plus distinct du Parti communiste ainsi que des élections libres, des syndicats et une presse dégagés de la tyrannie : une partie au moins de la solution est probablement de ce côté – encore que le fonctionnement concret des démocraties d'Occident devrait nous conduire à quelque prudence. Ces propositions compteront.

Pour autant, on imagine mal qu'elles puissent apporter une solution globale et rapide. Non que la Chine serait incapable pour je ne sais quelles raisons « culturelles » d'utiliser le modèle démocratique, c'est-à-dire de se l'approprier et de le retravailler. Mais il faut bien rappeler qu'elle est immensément plus vaste que Taïwan et tenue par un Parti qui a été totalitaire et qui a tout fait pour éliminer les germes sociaux du pluralisme, dans une conjoncture qui lui est favorable, alors que le modèle démocratique demeure partiellement déconsidéré par son échec de 1989 et qu'il commence à souffrir du « refroidissement », pour parler comme Guy Hermet, du modèle démocratique dans le monde[5].

En outre, nous l'avons dit plus haut, les inévitables troubles devraient plutôt conduire à des solutions autoritaires peut-être proches du cas russe et profitant du modèle laissé par le Guomindang. Il faudra vraisemblablement un long processus supplémentaire pour que le modèle démocratique progresse de façon substantielle en Chine. Un tel processus impliquera évidemment d'importantes transformations sociales : des conditions et un niveau de vie qui favorisent l'individualisation de la vie, une amélioration de l'éducation et de l'information, un milieu associatif plus fort et plus actif.

La Chine face à son destin

Ce n'est pas à dire que le pire sortira forcément des événements qui s'annoncent. Si le régime faiblit face aux difficultés et aux désordres, il s'en trouvera probablement encouragé dans un premier temps à développer sa politique de « société harmonieuse ». Cela l'engagerait à faire un usage plus vigoureux de la notion de justice et peut-être à réduire plus encore l'usage de la violence : autant de progrès importants et significatifs. Mais le « communisme » resterait aux commandes, ce qui nuirait peut-être à d'autres évolutions. En revanche, des troubles plus prononcés et une sortie de crise autoritaire ouvriraient plus largement – peut-être aussi plus dangereusement – l'horizon de l'avenir.

Cependant, dans tous les cas de figure, la société chinoise ne pourra plus éviter de regarder son destin en face, de ses propres yeux. Sous Mao, son destin lui était imposé, c'étaient ses chefs qui le tutoyaient. Durant la période que Deng Xiaoping a ouverte, tous les Chinois pouvaient le regarder, mais au travers des lunettes de la croissance économique qui leur étaient imposées et qu'ils chaussaient de bon gré. De ces lunettes, pouvoir et population vont devoir désormais se passer, ou changer. La Chine se trouvera face à son destin : le défi sera de le construire.

Abréviations pour les sources

AFP : Agence France-Presse
CD : *China Daily*
CQ : *China Quarterly*
FT : *Financial Times*
IHT : *International Herald Tribune*
L : *Libération*
LC : *La Croix*
LE : *Les Echos*
LF : *Le Figaro*
LM : *Le Monde*
LP : *Le Parisien*
TE : *The Economist*
NW : *The Nikkei Weekly*
WSJ : *Wall Street Journal*
IHT : *International Herald Tribune*
LE : *Les Echos*
LM : *Le Monde*
SCMP : *South China Morning Post*
TE : *The Economist*
WSJ : *Wall Street Journal*

Notes

Introduction
Le nouveau « moment chinois »

1. LP, 24 septembre 2006 ; IHT, 10 mai, 2005.
2. LM 20 novembre 2007.
3. Gilbert Etienne (2007) page 86 ; AFP, Pékin, 25 octobre 2007.
4. Philippe Cohen et Luc Richard (2005) page 9.
5. Lucien Bianco (2007), page 348.
6. Benoît Vermander rapporte que si le niveau de consommation de la Chine rejoignait celui de Taïwan, elle aurait besoin de 40 millions de barils par an, alors que la production annuelle mondiale n'est actuellement que de 85 millions de barils. *Cf.* Benoît Vermander (2007), page 55.
7. AFP, Pékin, 5 décembre 2007.
8. Susan Shirk (2007), page 47.
9. J'ai rapporté mes enquêtes et mes rencontres dans *Comprendre la Chine d'aujourd'hui* (Perrin, 2007).

1. Les nouveaux fondements du régime

1. Marie Holzman et Guy Debord (2005), page 301.
2. Lucien Bianco (2007), page 405.
3. Minxin Pei (2006), page 26.
4. Minxin Pei (2006), page 81.
5. Jean-Pierre Cabestan et *alii*, « Le renouveau des professions judiciaires en Chine » in Mireille Delmas-Marty et Pierre-Etienne Will (2007), page 683.

6. Voir la contribution de Stéphanie Balme, « Judiciarisation du politique et politisation du juridique dans la Chine des réformes », au même ouvrage dirigé par Mireille Delmas-Marty et Pierre-Etienne Will, pages 577-613, et, pour un exemple précis de jugement contre la Sécurité publique : WSJ, 30 avril 2006. Voir aussi IHT, 1er juin 2007.

7. Sina.com 5 juillet 2007.

8. SCMP 4 septembre 2007 ; AFP, Pékin, 26 novembre 2007.

9. Sur le marché « public » des organes dans la Chine contemporaine, voir LM 18 août 2006. Une greffe du rein ne nécessite que deux semaines d'attente !

10. TE, 6 septembre 2003.

11. Elle a été très bien analysée par Isabelle Attané (2004).

12. Sur le traitement des ouvrières, voir Pun Ngai (2005).

13. CD, 29 décembre 2005 ; *Xinjingbao* (Nouveau journal de Pékin), 14 décembre 2007.

14. WSJ 30 août 2006.

15. IHT, 25 juin 2007.

16. *Xinjingbao* (Nouveau journal de la capitale), 26 août 2006.

17. Elles sont admirablement restituées dans la revue *Lao Zhaopian* (« Vieilles photos »), que l'on trouve dans toutes les bonnes librairies chinoises.

18. Frédéric Bobin (2006), page 128 ; Pierre Haski (2005), page 128.

19. AFP, Pékin 27 janvier 2008.

20. Susan Shirk (2007), page 92 ; AFP, 19 octobre 2007.

21. LM 20 septembre 2006.

22. *Aujourd'hui la Chine*, 27 novembre 2007.

23. Cité par Valérie Niquet dans son bilan du Congrès pour l'IFRI, *cf.* Ifri.org.

24. LE, 31 août 2007 ; LM, 20 septembre 2006.

25. Willy Wo-Lap Lam (2006), page 230.

26. Et à Shenzhen, les résidents ont obtenu l'annulation d'un projet de voie express (IHT, 18 décembre 2007). Voir aussi AFP, Pékin, 21 janvier 2008.

27. *Zhongguo qingnianbao* (Journal de la jeunesse chinoise), 21 août 2006. *Beijing qingnianbao* (Journal de la jeunesse de Pékin), 10 juillet 2006.

28. Sohu.com., 25 juin 2007. IHT, 13 septembre 2005.

29. Benoît Vermander (2007), page 141.

30. Voir plus loin Livre III, chapitre 6.

31. J'ai analysé de près cette dégénérescence du quadrillage totalitaire dans mon livre sur le goulag chinois. *Cf.* Jean-Luc Domenach (1992).

32. François Gipouloux (2006), page 13 ; Frédéric Bobin (2006), page 235. D'après Willy Wo-Lap Lam (2006), page 141, le tiers des gouvernements de districts sont ruinés. Sur ce point, voir également *IHT*, 19 septembre 2002.

33. Guy Sorman (2006), page 109.

34. Minxin Pei (2006), pages 144, *sqq*. Il ajoute de façon moins convaincante que l'Etat chinois est un « Etat prédateur décentralisé ». Frederic Bobin (2006), page 176, évoque l'« étouffoir des microclimats ».

35. IHT, 15 février 2007.

36. Par exemple Maria Edi, qui considère cependant que dans les domaines « importants » les cadres locaux sont en général loyaux. *Cf.* son article : « State Capacity and Local Agent Control in China : CCP Cadre Managemant from a Township Perspective » in CQ, mars-juin 2003, pages 35-52.

37. Jean-Luc Domenach (1982), pp. 75 et *sqq*.

38. Voir l'article de David SG Goodman, « Structuring Local Identity : Nation, Province and County in Shanxi During the 1990's », in CQ, décembre 2002-mars 2003, pages 837 et *sqq*.

39. Voir plus bas.

40. Information personnelle.

41. Willy Wo-Lap Lam (2006), page 113.

42. Maurice Agulhon, *La République au village*, Plon, 1970. Sur les élections villageoises en Chine, voir entre autres la contribution de Gunter Schubert à l'ouvrage dirigé par Pierre Etienne Will et Mireille Delmas-Marty (2007), pages 713 et *sqq*., Minxin Pei (2006) pages 72 et *sqq* et Jean-Louis Rocca (2006), pages 259 et *sqq*.

43. LC, 22 août 2007.

44. IHT, 14 février 2007.

45. Minxin Pei (2006), page 92.

46. Pour un exemple concret, on lira le récit de Bastien Affeltranger, « Haut voltage, haute voltige : les ONG chinoises face aux barrages du Yunnan », dans *Monde chinois*, hiver 2004-2005. Voir

aussi Guobin Yang, « Environemental NGOs and Institutional Dynamics in China », *CQ*, mars 2005, pages 46-66.

47. *Aujourd'hui la Chine*, 22 janvier 2008.

48. TE, 18 août 2007.

49. Yongshun Cai, « Collective Ownership or Cadres Ownership ? The Non-Agricultural Use of Farmland in China », CQ, septembre 2003, pp. 662-680.

50. Kevin O'Brien et Lianjiang Li (2006).

51. Informations données à l'Académie des sciences sociales de Shanghai en février 2006 et *China Economic Times*, 6 juin 2006.

52. LM, 19 octobre 2007 ; 17 janvier 2008.

53. LM, 6 novembre 2002 ; Erik Iszraelewicz (2005), page 270 ; Willy Wo-Lap Lam (2006), page 39 ; *Xinjingbao* (Nouveau Journal de la capitale), 7 février 2006. *Xingdao ribao* (Quotidien Xingdao), 19 octobre 2006.

54. LE, 19 juin 2007 ; Gilles Guiheux (2006), page 24 ; conférence de Jean-Louis Rocca au CERI, Paris, 20 janvier 2008.

55. TE, 11 mars 2006.

56. Frédéric Bobin (2006), page 237.

57. Lucien Bianco (2007), page 410.

58. Marie-Claire Bergère (2007).

59. Frédéric Koller (2004), page 172. Voir aussi Minxin Pei (2006), pages 93 et 154. FT, 10 mai 2005. A noter que Miao Yu, le maire de Wuhan, n'est autre que l'ancien manager général de l'entreprise automobile Dongfeng (Vent d'est...).

60. Frédéric Bobin (2006), pages 97et *sqq* et 115 et *sqq*.

61. Comme je l'ai montré ailleurs en m'inspirant des travaux d'Yves Chevrier. *Cf.* Jean-Luc Domenach (2002), pages 327-330.

62. Lucien Bianco (2006, page 360).

2. Dans un nouveau monde

1. SCMP, 19 juillet 2002.
2. Huang Yasheng (2003).
3. LM 15 décembre 2007.
4. CD, 10 juillet 2007.
5. Notes personnelles. Voir aussi FT, 12 avril 2007.
6. Notes personnelles ; CD, 19 mars 2007.

3. Grandeur et fragilités de la croissance

1. Cité par Erik Iszraelewicz (2005), page 12.

2. AFP, Pékin, 22 décembre 2007.

3. Benoît Vermander (2007), page 70 ; LM, 4 septembre 2007 ; FT, 16 septembre 2006.

4. Barry Naughton (2006), *passim* ; Erik Izraelewicz (2005), *passim* ; François Gipouloux (2006), *passim* ; TE, 28 octobre 2006, 31 mars 2007 ; LE, 12 novembre 2007 ; FT, 17 avril 2007 ; SCMP, 12 janvier 2008 ; LE, 14 janvier 2008.

5. IHT, 27-28 octobre 2007.

6. Boris Cambreleng (2006), page 26 ; Philippe Cohen et Luc Richard (2005), page 205.

7. LM, 14 août 2007 ; IHT, 2 novembre 2007.

8. Erik Iszraelewicz (2005), page 39.

9. *Alternatives internationales*, novembre 2006, page 59 ; LM, 10 juillet 2007.

10. Erik Izraelewicz (2005), page 152 ; Thierry Wolton (2007), page 159 et *sqq* ; IHT 24-25 juin 2006 ; FT 14 janvier 2007.

11. Gilbert Etienne (2007), pages 149-150 ; Benoît Vermander (2007) pages 58 et *sqq* ; LM 10 juillet 2007.

12. SCMP, 30 août 2007.

13. Benoît Vermander (2007), page 137 ; NW, 22 octobre 2007.

14. Yanqi Tong, « Bureaucracy Meets the Environment : Elite Perceptions in Six Chinese Cities », *CQ*, mars 2007, pages 100-121.

15. Erik Izraelewicz (2005), page 265 ; Frédéric Bobin (2006) pages 195-196 ; NW, 9 octobre 2006 ; LM, 25 juillet 2006 ; FT, 23 août 2006 ; NW, 9 octobre 2006 ; LM, 18 et 21-22 juillet 2007.

16. D'après Frédéric Bobin (2006), page 143. Un rapport de Minxin Pei pour le Carnegie Endowment évalue la part des prédations à 3 % du PIB mais 10 % des fonds publics (LE, 16 octobre 2007).

17 Guy Sorman (2006), page 106.

18. François Gipouloux (2006).

19. Guy Sorman (2006), page 112. ; François Gipouloux (2006) pages 53 et *sqq*.

20. François Gipouloux (2006), *passim* ; FT, 17-18 septembre 2005 et 25 septembre 2006 ; LR, 20 décembre 2006.

21. Erik Izraelewicz (2005), page 52 ; Minxin Pei (2006),

page 118 et *sqq* ; Thierry Wolton (2006), page 116 ; Frédéric Bobin (2006), pages 200 et *sqq*.

22. LM, 15 avril, 31 mai 2007 ; LM, 6 juin 2007.

23. FT, 10 mai 2007 ; LE, 15 octobre 2007 ; AFP, 7 novembre 2007 ; LE, 12 novembre 2007.

24. FT, 12 février 2007.

25. IHT, 18 avril 2007.

26. SCMP, 1er février 2008.

4. Explication

1. FT, 28 janvier 2008.

2. Gilbert Etienne (2007), page 83.

3. FT, 18 mai 2007 ; 5 milliards de dollars iront au Congo, gagés sur les ressources minières de ce pays, lequel se libérera ainsi d'un éventuel emprunt au FMI.

4. Sur les 300 millions de dollars de compensations que le gouvernement soudanais s'est résolu à verser à la région martyrisée du Darfour, 200 millions seront fournis par un prêt chinois... FT, 30 août 2007.

5. Jean-Marc et Ydir Plantade (2006), page 74 ; LF, 6 décembre 2006 ; TE, 28 juillet 2007.

6. NW, 6 novembre 2006.

7. WSJ, 12 décembre 2007.

8. Erik Iszraelewicz (2005), page 87. Voir plus haut.

9. SCMP, 24 janvier 2008 2008, IHT, 4 avril 2005, 3 avril 2006.

10. Notes personnelles ; NW, 4 septembre.

11. NW, 18 décembre 2006.

12. Par exemple, *Ouest-France* du 19 septembre 2007 donnait la parole à des investisseurs français pour qui les salaires chinois avaient triplé entre 1990 et 2005.

13. AFP, 8 octobre 2007 ; IHT, 1er février.

14. *Zhongguo qingnianbaito* (Journal de la jeunesse chinoise), 18 novembre 2005.

15. Notes personnelles, printemps 2006.

16. Jean-Louis Rocca (2006), pages 119 et *sqq*.

17. Frédéric Koller (2004), page 29.

18. Willy Wo-Lap Lam (2006), page 91.

19. *Zhongguo Qingnianbao* (Journal de la jeunesse chinoise), 6 décembre 2005.

20. Frédéric Bobin (2006), page 227 ; Boris Cambreleng (2006), page 42 ; service social de l'ambassade de France, juin 2006.

21. Isabelle Attané (2005) , IHT, 29 juin 2006 et 21 mars 2007.

22. LM, 8 février 2006 ; FT, 25 octobre 2006 ; *Oriental Outlook* 26 mai 2005 ; Pierre Haski (2005), page 197.

23. Benoît Vermander (2007), page 86.

24. *Xinjingbao* (Nouveau journal de la capitale), 9 janvier 2006 ; IHT, 31 août-1er septembre 2002 ; Pierre Haski (2005), page 195 ; Pierre Haski (2002), page 24.

25. Pour un exemple concret, voir Jean-Luc Domenach (2007), pages 167-168.

26. WSJ, 6 mai 2003, IHT, 21 août 2005. D'après sina.com du 7 janvier 2008, l'espérance de vie aurait tout de même augmenté un peu depuis 2005, pour atteindre soixante-treize ans en 2007.

27. LF, 8 juin 2007, 8 octobre 2007.

28. Agence Chine Nouvelle, 12 octobre 2006 ; Willy Wo-Lap Lam (2006), page 68 et *sqq*.

29. Willy Wo-Lap Lam (2006), page 41.

30. IHT, 31 juillet 2006.

31. Thierry Pairault, « Formation initiale et développement économique », *Perspectives chinoises*, mai-juin 2001.

32. IHT, 16 août 2006 ; *La vie des idées*, février 2006 pages 43 sqq ; TE, 18 août 2007.

33. Erik Iszraelewicz (2005), page 208.

34. SCMP, 4 mai 2007.

35. Notes personnelles ; Aurore Merle et Michael Sztanke (2006), passim ; *Renmin ribao* (Quotidien du peuple), 5 juillet 2006 ; AFP, 17 août 2006.

36. Susan Shirk (2007), page 17.

37. Notes personnelles d'un séjour de cinq ans à l'université de Qinghua, qui est classée au premier rang des universités chinoises ; FT, 5 janvier, 15 janvier 2007, LM, 12 octobre 2007.

38. Gilbert Etienne (2007), page 188.

39. Guy Sorman (2006), page 147.

40. On lira sa critique des croissances indienne et chinoise. Diana Hochraich (2007).

41. François Gipouloux (2006), page 45.

42. AFP, Pékin, 18 septembre 2007 ; WSJ, 13 janvier 2008 ; SCMP, 15 janvier 2008.

43. LF, 25 janvier 2008, SCMP, 29 janvier 2008, LE, 5 février 2008 et FT, 4 février 2008.

44. FT, 11 et 12 septembre 2007 ; SCMP, 12 septembre 2007.

45. LM, 11 décembre 2007.

5. L'accélération de l'histoire

1. Jean-Louis Rocca (2006).

2. Au sens de Jean-Louis Rocca (2006).

3. AFP, Pékin, 18 septembre 2007.

4. WSJ, 21 janvier 2008.

5. Jean-Marc et Ydir Plantade (2006) confirment cette évaluation.

6. AFP, Pékin, 8 octobre 2007.

7. Philippe Richer (2008), page 47.

8. FT, 21 janvier 2008.

9. Susan Shirk (2007), page 53.

10. Marie-Claire Bergère (2007), page 250.

11. Benoît Vermander (2007), page 95.

12. Voir la remarquable chronique historique de Cheng Yingxiang et Claude Cadart (2006).

13. Après que ces lignes ont été écrites a été publié dans *Le Figaro* du 7 janvier 2008 un intéressant article de Thierry Wolton qui estime que, désormais, le président Poutine s'inspire du « modèle chinois ». L'hypothèse fait sens, et mérite d'être suivie, mais je pense tout de même que, jusqu'à présent, c'est surtout Pékin qui s'est inspiré de Moscou, plus substantiellement et jusqu'à une date plus tardive qu'on le croit souvent. Je m'interroge sur cette proximité dans Jean-Luc Domenach (2003).

6. Peut-on gouverner la Chine ?

1. Leila Choukroune (2007), page 628 et *sqq*.

2. Andrew C. Mertha, « China's "Soft" Centralization : Shifting Tiao/Kuai Authority Relations », CQ, décembre 2005, pages 791-810.

3. Kai-yuan Tsui, Youqing Wang, « Between Separate Stoves and a

Single Menu : Fiscal Decentralization in China », CQ, mars 2004, pages 71-90.

4. Huang Yasheng (2003) ; Barry Naughton et Dali Yang (2004) ; Yunmin Sheng, « Central-Provincial Relations at the CCP Central Committees : Institutions, Measurement and Empitrical Trends, 1978-2002 » CQ, juin 2005, pages 338-355.

5. Andrew C. Mertha et Ka Zeng, « Political Institutions, Resistance and China's Harmonization with International Law », CQ, juin 2005, pages 309-337.

6. Elizabeth J. Renwick (2005).

7. Susan Shirk (2007), pages 44 et 175.

8. RMRB, 25 mai 2005.

9. Minxin Pei (2006), page 91.

10. WSJ, 15 octobre 2007 ; Frédéric Bobin (2006), page 159.

11. John P. Burns : « Downsizing the Chinese State : Government Retrenchment in the 90's », CQ, septembre 2003, pages 774-802. Des projets analogues viennent d'être confiés à Li Keqiang : *cf.* SCMP, 14 janvier 2008.

12. AFP, Pékin, 2 juillet 2007.

13. SCMP, 13 décembre 2006.

14. Thierry Wolton (2007), page 40 et *sqq*.

15. Andrew Wedeman, « The Intensification of Corruption in China », CQ, décembre 2004, pages 895-921.

16. Frédéric Bobin (2006), page 146 ; NW, 3 octobre 2005.

17. Willy Wo-lap Lam (2006), page 215.

18. Sur le XVIe Congrès, on consultera avec fruit l'article de Joseph Fewsmith, « The 16th Party Congress : the Succession that didn't happen », *in* CQ, mars-juin 2003, pages 2-16 et celui de Lowell Dittmer, « Leadership Change and Chinese Political Development », CQ, décembre 2003, pp. 903-925.

19. Willy Wo-lap Lam (2006), page 18.

20. Ce point a été bien analysé dans SCMP, 24 septembre 2007 et 12 octobre 2007.

21. Susan Shirk (2007), page 72 et *sqq*.

22. Voir le rapport de Valérie Niquet sur le XVIIe congrès du PCC publié sur le site de l'Institut français des Relations internationales.

23. Jean-Pierre Cabestan (2007), pages 71 et *sqq*, L, 23 avril 2007.

24. IHT, 23-24 juin 2007.

25. FT, 1er août 2007.

26. IHT, 23-24 juin 2007.

27. SCMP et WSJ, 22 octobre 2007.

28. *Aujourd'hui la Chine*, 18 janvier 2008 ; SCMP, 22 novembre 2007.

7. Un seul peuple ?

1. IHT, 27 avril, L, 15 juin 2007.

2. David SG Goodman : « The Campaign to "Open Up the West" : National, Provincial-Level and Local Perspectives », CQ, juin 2004, pages 317-334.

3. Susan Shirk (2007), *passim.*

4. Jean-Pierre Cabestan, « Les multiples facettes du nationalisme chinois », *Perspectives chinoises*, mai-juin 2005, pages 28-42.

5. AFP Pékin, 9 juillet 2007.

6. IHT, 22 septembre 2006.

8. La Chine va-t-elle enfin découvrir le monde ?

1. Gilbert Etienne (1998).

2. LM, 23 novembre 2007.

3. On trouvera d'intéressantes analyses de cette offensive dans l'article de Jean Coussy et Jean-Jacques Gabbas publié par *Alternatives internationales* de novembre 2007 ainsi que dans celui de Philippe Richer pour *Esprit*, octobre 2007.

4. Tout particulièrement celui de Jean-Marc et Ydir Plantade (2006).

5. FT, 6 septembre 2006.

6. WSJ, 3 septembre 2007 ; AFP Pékin, 16 novembre 2007. Par ailleurs, le chef des services secrets britanniques a dû mettre en garde publiquement le monde des affaires. AFP Pékin, 1er décembre 2007. Des cas d'espionnage chinois en Russie sont également signalés. *Cf.* aussi, pour un exemple d'espionnage des technologies balistiques russes, WSJ, 3 décembre 2007.

7. Marie-Claire Bergère (2007).

8. LM, 29 novembre 2007 ; WSJ, 12 décembre 2007 ; IHT, 20 février et 27 novembre 2007.

9. LM, 29 septembre 2007 ; FT, 12 avril 2007.

10. Chien-peng Chung, « The Shanghai Cooperation Organiza-

tion : China's Changing Influence in Central Asia », CQ, décembre 2004, pages 989-1009.

11. LM, 17 janvier 2007.

12. LM, 22 décembre 2007.

13. Peter Hays Grier, « China's "New Thinking" on Japan », CQ, décembre 2005, pages 830-850.

Conclusion. Le grand défi chinois

1. Voir Jean-Luc Domenach, « Les balbutiements de l'histoire en Chine », *Critique internationale*, juillet 2004.

2. Benoît Vermander (2007), pages 79 et *sqq*.

3. IHT, 1er février 2008.

4. Jean-Louis Rocca (2006).

5. Guy Hermet (2007).

Bibliographie

Isabelle ATTANÉ, *Une Chine sans femmes*, Paris, Perrin Asies, 2004

Marie-Claire BERGÈRE, *Capitalisme et capitalistes en Chine*, Paris, Perrin Asies, 2007.

Lucien BIANCO, *Les Origines de la révolution chinoise, 1915-1949*, Folio Histoire, Gallimard, 2007.

Frédéric BOBIN, *Good Bye Mao ?*, Paris, La Martinière, 2006.

Jean-Pierre CABESTAN, « La montée en puissance de la diplomatie chinoise », *in* Sophie Boisseau du Rocher (dir.) : *Asie, dix ans après la crise, Paris*, La Documentation française, 2007, pages 57-80.

Boris CAMBRELENG, *Faut-il avoir peur de la Chine ?*, Toulouse, Milan Actu, 2006.

CHENG YINGXIANG, avec la collaboration de Claude CADART, *Dégel de l'intelligence en Chine, 1976-1989*, Paris, Gallimard, 2004.

Philippe COHEN et Luc RICHARD, *La Chine sera-t-elle notre cauchemar ?*, Paris, Mille et une nuits, 2005.

Mireille DELMAS-MARTY et Pierre-Etienne WILL (dir.), *La Chine et la démocratie*, Paris, Fayard, 2007.

Jean-Luc DOMENACH, *Aux origines du Grand Bond en avant, le cas d'une province chinoise*, Presses de la FNSP, éditions de l'EHESS, 1982.

Jean-Luc DOMENACH, *Chine, l'archipel oublié*, Paris, Fayard, 1992.

Jean-Luc DOMENACH, *Où va la Chine ?*, Paris, Fayard, 2002.

Jean-Luc DOMENACH, « Pékin pas si loin de Moscou ! » *in* Anne-Marie Le Gloannec et Aleksander Smolar (dir.), *Entre Kant et Kosovo*, Etudes offertes à Pierre Hassner, Paris, Presses de Sciences Po, 2003, pages 285-294.

Gilbert ÉTIENNE, *Chine-Inde, le match du siècle*, Paris, Presses de Sciences po, 1998.

Gilbert ÉTIENNE, *Chine-Inde, la grande compétition*, Paris, Dunod, 2007.

François GIPOULOUX, *La Chine du 21e siècle. Une nouvelle superpuissance ?*, Paris, Armand Colin, 2006.

François GIPOULOUX, « La dynamique de l'économie chinoise et ses contraintes », in Sophie Boisseau du Rocher, *Asie, dix ans après la crise*, Paris, La Documentation française, 2007, pages 19-44.

Gilles GUIHEUX, « Le nouveau retournement des corps et des esprits en Chine, la mise à leur compte des travailleurs licenciés du secteur d'Etat », *L'Homme et la Société*, avril-septembre 2004, pp. 97-127.

Gilles GUIHEUX, « Les nouvelles classes sociales chinoises : comment penser les inégalités ? », *in* Sophie Boisseau du Rocher et François Godement, *Asie, entre pragmatisme et attentisme*, Paris, La Documentation française, 2006, pp 17-32.

Pierre HASKI, *LeJournal de Ma Yan*, Ramsay, 2002.

Pierre HASKI, *Le Sang de la Chine*, Paris, Grasset, 2005.

Guy HERMET, *L'Hiver de la démocratie*, Colin, 2007.

Diana HOCHRAICH, *Pourquoi l'Inde et la Chine ne domineront pas le monde de demain*, Paris, Ellipses, 2007.

Marie HOLZMAN et Bernard DEBORD, *Wei Jingsheng, un Chinois inflexible*, Paris, Bleu de Chine, 2005.

Huang YASHENG, *Selling China : Foreign Direct Investments During the Reform Era*, Cambridge, Cambridge University Press, 2003.

Erik IZRAELEWICZ, *Quand la Chine change le monde*, Paris, Grasset, 2005.

Frédéric KOLLER, *Portraits de Chine*, Alvik, Paris, 2004.

Willy Wo-Lap LAM, Chinese *Politics in the Hu Jintao Era*, Armonk, ME Sharpe, 2006.

Colin MACKERRAS, *China's Ethnic Minorities and Globalization*, Londres, New York, Routledge Curzon, 2003.

Aurore MERLE et Michael SZTANKE, *Etudiants chinois : qui sont les élites de demain ?*, Paris, Autrement, 2006.

Barry NAUGHTON, *The Chinese Economy, Transitions and Growth*, Cambridge, MIT Press, 2006.

Barry NAUGHTON et Dali L. YANG (ed), *Holding China Together : Diversity and National Integration in the Post-Deng Era*, Cambridge, Cambridge University Press, 2004.

Kevin O'BRIEN et Li LIANJIANG, *Rightful Resistance in Rural China*, Cambridge, Cambridge University Press, 2006.

Minxin PEI, *China's Trapped Transition, the Limits of Developmental Autocracy*, Cambridge, Harvard University Press, 2006.

Jean-Marc et Yidir PLANTADE, *La Face cachée de la Chine*, Paris, Bourrin, 2006.

Pun NGAI, *Made in China : Women Factory Workers in a Global Workplace*, Hong Kong, Durham et Londres, Hong Kong University Press et Duke University Press, 2005.

Valérie NIQUET, Chine-Japon : l'affrontement, Paris, Perrin Asies, 2006.

Elizabeth J. RENWICK, *Building Local States : China During the Republican and Post-Mao Era*, Cambridge, Londres, Harvard University Asia Centre, 2005.

Philippe RICHER, *La Longue Marche de la Chine en Afrique, 1504-2008*, Paris, Karthala, 2008.

William T. ROWE, *Crimson Rain. Seven Centuries of Violence in a Chinese County*, Palo Alto, Stanford University Press, 2006.

Jean-Louis ROCCA, *La Condition chinoise*, Paris, Karthala, 2006.

Susan SHIRK, *China, Fragile Superpower*, New York, Oxford University Press, 2007.

Guy SORMAN, *L'Année du coq : Chinois et rebelles*, Paris, Fayard, 2006.

Benoît VERMANDER, *Chine brune ou Chine verte ?*, Paris, Presses de Sciences po, 2007.

Thierry WOLTON, *Le Grand Bluff chinois*, Paris, Laffont, 2007.

Table

Livre II

L'ÉPREUVE DE VÉRITÉ

Livre III

LES GRANDES ÉNIGMES DE L'AVENIR

Collection « Asies »

dirigée par
Jean-Luc DOMENACH

OUVRAGES PARUS

Isabelle Attané
Une Chine sans femmes ?

Marie-Claire Bergère
Capitalismes et capitalistes en Chine

Jean-Luc Domenach
Comprendre la Chine d'aujourd'hui

Dorian Malovic
Le pape jaune

Valérie Niquet
Chine-Japon. L'affrontement

Constantin Slizewicz
Les peuples oubliés du Tibet

Cet ouvrage a été composé par
Graphic-Hainaut
et imprimé par **Bussière**
à Saint-Amand-Montrond (Cher)

Achevé d'imprimer en mars 2008

N° d'édition : K02747. – N° d'impression : 080823/1.
Dépôt légal : mars 2008.

Imprimé en France